# SOCIEDADE ANÔNIMA DO FUTEBOL

JOSÉ EDUARDO COUTINHO FILHO
CARLOS MAGNO F. N. CERQUEIRA
HELOISA SCHMIDT FERNANDES MEDEIROS

# SOCIEDADE ANÔNIMA DO FUTEBOL

## TEORIA E PRÁTICA

2022

Freitas Bastos Editora

**Maria Augusta Delgado Livraria, Distribuidora e Editora**

Editor: *Isaac D. Abulafia*
Diagramação e Capa: *Julianne P. Costa*

**Dados Internacionais de Catalogação na Publicação (CIP) de acordo com ISBD**

C871s Coutinho Filho, José Eduardo.
Sociedade Anônima do Futebol: Teoria e Prática / José Eduardo Coutinho Filho, Carlos Magno Faissal Nazareth Cerqueira, Heloisa Schmidt Fernandes Medeiros. - Rio de Janeiro : Freitas Bastos, 2022.
156 p. ; 15,5cm x 23cm.

Inclui bibliografia.
ISBN: 978-65-5675-221-1

1. Futebol. 2. Esportes. 3. Sociedade Anônima do Futebol. 4. Clubes. I. Cerqueira, Carlos Magno Faissal Nazareth. II. Medeiros, Heloisa Schmidt Fernandes. III. Título.

2022-3122 CDD 796.334
CDU 796.332

**Elaborado por Odilio Hilario Moreira Junior - CRB-8/9949**

**Índices para catálogo sistemático:**
1. Futebol 796.334
2. Futebol 796.332

**Freitas Bastos Editora**
atendimento@freitasbastos.com
www.freitasbastos.com

*"Rueda la pelota, el mundo rueda"*
Eduardo Galeano

*A todos que compartilham de meu sentimento pelo futebol*
*como fonte inesgotável de paixão.*
José Eduardo Coutinho Filho

*Aos jogadores e jogadoras que contribuíram para a construção do futebol, o maior fenômeno social já inventado pela humanidade.*
Carlos Magno F. N. Cerqueira

*Às mulheres que buscam e conquistam espaço no meio do futebol lutando contra o preconceito que nos acompanha diariamente.*
Heloisa Schmidt Fernandes Medeiros

# LISTA DE ABREVIATURAS E SIGLAS

| | | |
|---|---|---|
| AG | - | Assembleia Geral |
| Botafogo | - | Botafogo de Futebol e Regatas |
| BJR | - | *Business Judgment Rule* |
| CBF | - | Confederação Brasileira de Futebol |
| CLT | - | Consolidação das Leis do Trabalho |
| Clube Original | - | Clube-associação ou sociedade fundadora de uma SAF |
| CNRD | - | Câmara Nacional de Resolução de Disputas da CBF |
| CVM | - | Comissão de Valores Mobiliários |
| Cruzeiro | - | Cruzeiro Esporte Clube |
| EFL | - | English Football League |
| FIFA | - | *Federation International Football Association* |
| SAF | - | Sociedade Anônima do Futebol |
| JC | - | Juízo Centralizador |
| Lei da SAF ou Lei | - | Lei Federal nº 14.193/2021 |
| LRF | - | Lei Federal nº 11.101/2005 |
| LSA | - | Lei Federal nº 6.404/1976 |
| Lei do PROFUT | - | Lei Federal nº 13.155/2015 |
| Estatuto do Torcedor | - | Lei Federal nº 10.671/2003 |
| PROFUT | - | Programa de Responsabilidade Fiscal no Futebol Brasileiro |
| SAF | - | Sociedade Anônima do Futebol |
| TJ | - | Tribunal de Justiça |
| TJRJ | - | Tribunal de Justiça do Estado do Rio de Janeiro |
| TRT | - | Tribunal Regional do Trabalho |
| PJ Original | - | Pessoa Jurídica Original |
| PRJ | - | Plano de Recuperação Judicial |
| REC | - | Regime Centralizado de Execuções |
| REj | - | Recuperação Extrajudicial |
| RJ | - | Recuperação Judicial |

| | | |
|---|---|---|
| RSTP | - | *Regulations on the Status and Transfer of Players* |
| SADP | - | *Sociedades Anónimas Deportivas Profissionales* |
| STF | - | Supremo Tribunal Federal |
| STJ | - | Superior Tribunal de Justiça |

# SUMÁRIO

## CAPÍTULO 4



## CAPÍTULO 5

# CONSIDERAÇÕES INICIAIS

- O ordenamento jurídico brasileiro não conceitua de forma expressa o termo "empresa", cabendo à Doutrina conceituá-la como a atividade econômica em si, e não a sociedade empresária. Todavia, para fins de facilitar o entendimento, foi utilizada a expressão "Clube-Empresa" para fazer menção, de forma genérica, aos clubes constituídos como sociedades empresárias, incluindo as SAF's, sociedades anônimas e limitadas.
- Para fins de melhor fluidez textual, a expressão Clube Original é usada para se referir tanto ao clube constituído como uma associação sem fins lucrativos, quanto à sociedade empresária dedicada ao fomento e à prática do futebol. A Lei da SAF utiliza o termo Pessoa Jurídica Original para este segundo caso.
- As transcrições de leis estão reproduzidas no idioma original, salvo quando expressamente referido tratar-se de uma tradução nossa.

# PREFÁCIO

Honram-me os colegas José Eduardo Coutinho Filho, Carlos Magno F. N. Cerqueira e Heloisa Schmidt Fernandes Medeiros com o convite para prefaciar esta obra, fruto de um trabalho de fôlego que conjugou minuciosa pesquisa da legislação comparada, com criteriosa análise da Lei da SAF, recente diploma legal sobre a matéria sancionado em nosso país.

A discussão sobre o clube-empresa não é novidade no Brasil. Facultativa pela Lei Zico (Lei nº 8.672/93), obrigatória pela redação original da Lei Pelé (Lei nº 9.615/98), evidente inconstitucionalidade corrigida por meio da Lei nº 9.981/2000, iniciativa da própria Casa Civil da época, inúmeros foram os debates acerca do tema, como se a mera formatação jurídica da entidade pudesse resolver o secular problema da gestão.

Agora, porém, estamos diante de uma inovação legislativa consistente; da criação de um novo modelo societário específico para as entidades de prática desportiva cuja atividade principal seja o futebol, que poderá trazer vantagens aos clubes que a este aderirem, sem prejudicar os que optarem por manter a estrutura associativa. Trata-se da Lei nº 14.193/2021, que *"institui a Sociedade Anônima do Futebol e dispõe sobre normas de constituição, governança, controle e transparência, meios de financiamento da atividade futebolística, tratamento dos passivos das entidades de práticas desportivas e regime tributário específico"*.

Inicialmente de autoria do Deputado Otávio Leite (RJ), por ocasião da propositura do PL 5.082/2016 – já com a inestimável e incansável colaboração intelectual dos amigos Rodrigo Rocha Monteiro de Castro e José Francisco Cimino Manssur –, a ideia da SAF começou a tramitar no Parlamento brasileiro cinco anos antes de sua efetiva sanção. Como o processo legislativo nem sempre percorre caminhos cartesianos, coube ao Senador Rodrigo Pacheco (MG) – que viria a ser eleito posteriormente Presidente do Senado Federal – resgatar a ideia original da SAF por meio do PL 5.516/2019, cuja relatoria ficou a cargo do Senador Carlos Portinho (RJ), com quem tive a democrática oportunidade de debater em diversas ocasiões, a fim de expor pequenas discordâncias em relação ao texto original, algumas das quais contaram com a compreensão do ilustre Senador e foram devidamente ajustadas.

Sancionada a Lei nº 14.193, de 6 de agosto de 2021, o mercado recebeu a SAF com bastante entusiasmo. Algumas providências *"interna corporis"*, porém, eram necessárias por parte da CBF para que a lei pudesse ser aplicada na prática, o que não tardou a ocorrer e os primeiros clubes brasileiros interessados puderam concretizar sua adesão ao novo modelo. Essa indispensável autorregulamentação setorial sobre a matéria não é estanque, por óbvio. Trata-se de normativa viva, que vai se amoldando às práticas e necessidades do mercado, sempre com o objetivo de propiciar o pleno aproveitamento da lei por parte daqueles que assim desejem, sem, contudo, deixar de zelar pela manutenção da estabilidade e preservação da integridade das competições.

Nesse contexto, os autores trazem uma contribuição valiosíssima ao estudo da SAF, iniciando com um histórico legislativo do clube-empresa no Brasil, passando pelos modelos internacionais correspondentes (Espanha, Portugal, França, Chile e Colômbia) e dissecando com maestria o novo diploma legal que se apresenta. Com uma postura de neutralidade e imparcialidade, analisam o tema sob a ótica estritamente jurídica, deixando ao leitor a avaliação de se a adoção da SAF seria ou não conveniente e pertinente para seu clube de coração.

Demonstram, também, os autores, amplo conhecimento da temática do MCO (*multi-club ownership*), terminologia utilizada quando uma mesma pessoa (natural, jurídica ou grupo econômico) controla mais de um clube, tendência mundial que aportou no Brasil com os grupos estrangeiros Red Bull (Bragantino), Eagle Holding (Botafogo-RJ) e 777 Partners (Vasco da Gama), sem se esquecer de um MCO de capital genuinamente brasileiro, embora com a participação da empresa espanhola Tara Sports (Cruzeiro), controlada por Ronaldo "Fenômeno" Nazário, também proprietário do Valladolid. Todas essas empresas, além dos clubes brasileiros que controlam, têm participação direta ou indireta em clubes de outros países. À época da elaboração deste prefácio, o City Football Group, MCO com a maior quantidade de clubes sob controle ao redor do mundo, estava em avançadas conversas para assumir a SAF do EC Bahia.

Por se tratar de um mercado bastante novo, ainda que em crescente expansão e desenvolvimento, inclusive normativo, alguns aspectos jurídicos que envolvem o funcionamento da SAF seguem controvertidos e somente serão pacificados após pronunciamento jurisdicional. O importante é que tais questões não criem obstáculos ou amarras que venham a afugentar investidores ou inibir clubes que vislumbrem na adoção da SAF uma iniciativa compatível com seus objetivos e interesses.

Nesse sentido, os autores abordam em pormenores a quitação das obrigações e reestruturação do passivo do clube original, por meio do Regime Centralizado das Execuções, da Recuperação Judicial ou mesmo da Recuperação Extrajudicial, mecanismos de suma importância para a preservação da viabilidade econômica dos devedores, bem como para a satisfação dos direitos creditórios dos credores, ainda que num prazo mais elástico do que a expectativa destes últimos.

Esmiuçando os dispositivos legais do novo diploma, os autores expõem as formas de financiamento da SAF, bem como as oportunidades de captação de investimentos, como as "debêntures-fut", por meio de uma estrutura empresarial com boas práticas de governança, atuando num mercado regulado e com maior segurança jurídica. Nesse particular, sugerem os autores, com grande propriedade, a necessidade de um ambiente propício à atração de investidores que aportem mais do que simplesmente dinheiro. Que possam contribuir com conhecimentos empresariais adquiridos em outros ramos de atividade, *expertise, networking,* além de força de trabalho qualificada para incrementar a gestão da SAF; o chamado *"smart money"*.

Analisam, também, as contrapartidas sociais trazidas pela legislação em comento, como o PDE – Programa de Desenvolvimento Educacional e Social, criado com o objetivo de desenvolver a educação em conjunto com atividades relacionadas ao futebol. Discorrem, outrossim, acerca do Regime de Tributação Específica do Futebol, instrumento que incentiva sobremaneira os clubes constituídos e tributados como associação a aderirem ao novo modelo de SAF oferecido pela lei.

Os autores passam, então, a discutir importantes questões práticas exsurgidas do novel diploma legal, como (i) a sucessão esportiva e a condição de jogo dos atletas; (ii) os resultados esportivos e títulos obtidos pelo clube original por ocasião da constituição da SAF, que inclusive são levados em consideração para elaboração dos rankings das entidades de administração do desporto e conferem certas prioridades por ocasião da composição de grupos nas competições; e (iii) as dívidas e punições esportivas impostas ao clube original.

Esta didática obra é finalizada com uma abrangente análise sobre a questão da sucessão esportiva, mesclando a exposição de conceitos com uma abordagem sob a ótica das entidades de administração (Federações Estaduais, CBF, CONMEBOL e FIFA).

Parafraseando os autores, que concluem afirmando que os clubes brasileiros foram os maiores vencedores com a sanção da Lei da SAF, pois ganharam o direito de optar por mais uma forma de estruturação jurídica, especialmente formulada para atender as demandas do futebol, podemos concluir que os maiores vencedores com a publicação desta obra somos nós, leitores, pois ganhamos o direito de aprender com mais uma fonte de pesquisa sobre a matéria, doutrina escrita por inegáveis craques no assunto.

Não percamos tempo! Parabéns aos autores!

**Luiz Felipe Guimarães Santoro**

Advogado graduado pela Faculdade de Direito da USP, especializado em Administração para Profissionais do Esporte pela FGV/SP, MBA em *Football Industries* pela Universidade de Liverpool (Inglaterra) e Diploma FIFA em *Football Law*. Ex-Presidente do Instituto Brasileiro de Direito Desportivo (2007-2009 e 2010-2012), titular da cadeira nº 41 da Academia Nacional de Direito Desportivo e membro da Sociedade Brasileira de Direito Desportivo. Patrono do Grupo de Estudos de Direito Desportivo da Faculdade de Direito da USP. Apontado pela publicação inglesa Chambers & Partners por 10 anos consecutivos como destaque no Direito Desportivo nacional e internacional (*Sports Law* – Band 1). Árbitro do Tribunal Arbitral do Esporte, com sede em Lausanne (Suíça). Professor universitário, autor de livros e artigos publicados no Brasil e no exterior, destacando-se "Direito do Futebol", publicado em 2019 pela Ed. Quartier Latin, em coautoria com o Professor Álvaro Melo Filho. De agosto de 2019 a maio de 2022 ocupou o cargo de Diretor Jurídico da CBF.

# INTRODUÇÃO

Não é simples a tarefa de determinar a origem do futebol. Há registros de atividades humanas que a ele se assemelham datadas de 2600 a.C. na China, onde se praticou o *"kemari"*, que tinha como objetivo passar, com os pés, uma bola por entre duas estacas feitas de bambu. Os gregos, por sua vez, tinham uma atividade semelhante, denominada *"espyros"*. Para os romanos, o *"harpastum"*[1].

A chegada da Idade Média não diminuiu a prática das atividades com bolas, em especial na Europa. Existem registros de partidas semelhantes ao futebol em locais hoje conhecidos como Inglaterra, França, Itália e Escócia.

No entanto, apesar da divergência sobre a origem da modalidade, há, na academia e nas entidades de administração do futebol, um certo nível de consenso sobre o momento de sua formalização.

Diante da presença considerável de equipes e clubes de futebol locais, que disputavam o que consideravam ser a mesma modalidade, mas com pequenas variações em suas regras e costumes, no dia 20 de outubro de 1863, na *Freemason's Tavern*, na *Great Queen Street*, em Londres, Inglaterra, representantes de clubes sociais ingleses e dirigentes de escolas reuniram-se para unificar as regras do futebol.

Foi nesse encontro que se fundou oficialmente a *Football Association*, a Associação de Futebol Inglesa, primeiro órgão de administração da modalidade formalmente constituído na história.

Desde seus primórdios, o futebol possui um fator indissociável. Ainda que, na prática, o espetáculo esportivo seja performado por 22 atletas com uma bola, o futebol é uma modalidade coletiva, e uma partida representa a disputa entre clubes.

---

1 VEIGA, Maurício de Figueiredo Corrêa da; SOUSA, Fabrício Trindade de. *A evolução do futebol e das normas que o regulamentam:* aspectos trabalhistas-desportivos. São Paulo: LTr, 2013.

Em seus primeiros anos, eram comuns partidas envolvendo a "equipe da fábrica de pólvora do norte de Londres" e a "equipe do colégio público de Westminster", não demorou para que os esquadrões ganhassem organização própria e gestão independente, na forma em que atualmente se conhece como "clubes de futebol". Para ilustrar, o clube de futebol mais antigo do mundo ainda em atividade é, segundo a FIFA, o *Sheffield Football Club*, fundado em 24 de outubro de 1857. Inclusive, pela relevância dessas organizações, com exceção de raros enfoques, a história do futebol costuma ser contada da perspectiva da evolução histórica dos clubes de futebol no mundo.

Por sua vez, no âmbito nacional, ainda que o primeiro contato do futebol com as terras brasileiras tenha acontecido em 1878, no Rio de Janeiro, quando tripulantes do navio "Criméia" disputaram uma partida na Rua Paiçandu, é impossível tratar de futebol no Brasil sem falar no nome de Charles Miller; um brasileiro, filho de ingleses que estudou na Inglaterra, onde jogou futebol na Universidade. Em seu retorno trouxe consigo a tradição da modalidade, além dos materiais para a adequada prática do futebol. Nos ensinamentos de Orlando Duarte:

> Charles Miller não trouxe só duas bolas. Trouxe também calções, chuteiras, camisas, bomba de encher a bola e a agulha. Foi o início dessa 'loucura' que é o futebol entre nós. Charles Miller faleceu em 1953, em São Paulo, cidade onde nasceu. Foi um ótimo jogador, artilheiro, estimulador da prática do futebol, criador da jogada 'Charles', que depois virou 'chaleira'. Miller foi também um bom árbitro. Era apaixonado 'torcedor' do futebol, e responsável por tudo o que aconteceu depois.[2]

Buscando difundir a modalidade, Miller passou a ensinar o futebol aos membros do São Paulo Athletic Club, composto por sujeitos da elite social da época. Sua aceitação foi imediata, e sua fama cresceu com ímpar rapidez.

Não tardou para Miller reunir um grupo significativo de praticantes e dividi-lo em dois times, o *The São Paulo Railway*, a equipe dos emprega-

2 DUARTE, Orlando. *Todos os esportes do mundo*. São Paulo: Makron Books, 1996. p. 88.

dos da ferrovia paulista, e o *The Team Gaz,* equipe formada por empregados da companhia de gás paulista. Foi entre ambos que se tem registro da primeira partida entre clubes do país, realizada na cidade de São Paulo no dia 15 de abril de 1895[3].

Ainda que, como praticamente tudo que envolve o futebol, existam versões que contestem que a origem do futebol brasileiro tenha sua origem nessa passagem histórica, a versão de Miller, e os projetos embrionários desses clubes, é atualmente a mais aceita.

No âmbito nacional, o clube de futebol mais antigo ainda em atividade de maneira ininterrupta no país é o gaúcho Sport Club Rio Grande, fundado apenas cinco anos após a partida idealizada por Miller, em 19 de julho de 1900. Como homenagem, em sua data de fundação é comemorado no país, desde 1976, o Dia Nacional do Futebol.

Como não poderia ser diferente, nos quase 160 anos do encontro na *Freemason's Tavern,* o futebol se desenvolveu em todo planeta, ganhando em complexidade e alcance e se consolidando como a modalidade esportiva mais consumida pela sociedade contemporânea.

Para se ter dimensão, apenas no Brasil, segundo os dados mais recentes disponibilizados pela Confederação Brasileira de Futebol, atualmente o futebol organizado nacional possui 775 clubes profissionais formalmente registrados, além de 292 amadores, totalizando 1.067 no país[4].

Nos mais de 120 anos de história dos clubes de futebol brasileiros, é notável o ganho de complexidade das entidades no país. Se outrora poderiam ser considerados meras associações esportivas e recreativas, atualmente alguns clubes se consolidaram entre as mais relevantes marcas do país, com valor de mercado na casa do bilhão e fluxo de caixa de milhões.

Com sua tradição fortemente marcada pelo caráter associativo sem finalidade lucrativa, e as poucas opções propiciadas pelo Código Civil pensadas para atividades alheias ao esporte e com expressivos encargos tributários obrigatórios, em muitas hipóteses os clubes se viam, por vezes,

3 DUARTE, Orlando. *Todos os esportes do mundo.* São Paulo: Makron Books, 1996.

4 CBF. *Raio-X do Mercado 2022: transferências do futebol alcançaram R$ 2,2 bilhões.* Disponível em: https://www.cbf.com.br/a-cbf/informes/index/raio-x-do-mercado-2022-transferencias-do-futebol-alcancaram-r-2-2-bi. Acesso em 10 jul. 2022.

de mãos atadas, sem alternativas para explorar todo o potencial econômico que carregam.

Nesse cenário, compreendendo que o ordenamento jurídico nacional não fornecia alternativas suficientes para atender à crescente demanda do futebol, o Legislador apresentou uma inovação: a Sociedade Anônima do Futebol, (doravante SAF).

A Lei nº 14.193 de 6 de agosto de 2021 (doravante Lei da SAF) instituiu a Sociedade Anônima do Futebol no âmbito nacional, tornando facultativo, a clubes que disputem competições profissionais, adotarem a nova forma de estrutura jurídica, garantindo a manutenção das condições esportivas em que o Clube Original se encontrava, ou mesmo, se for essa a intenção, se constituir um novo clube na forma de SAF, desde o princípio.

Sendo assim, a proposta da presente obra é de examinar a evolução da modalidade no país e as modificações legislativas que culminaram na promulgação da Lei da SAF, bem como seu impacto no mercado do futebol nacional de maneira ampla, em termos esportivos, trabalhistas, tributários e previdenciários.

CAPÍTULO 1

# "CLUBE-EMPRESA": HISTÓRICO LEGISLATIVO NO BRASIL

No Brasil, a tentativa de se estimular a adoção de um modelo empresarial por parte dos clubes de futebol não é recente. Empenhados em atingir uma maior "profissionalização" do setor, muitos profissionais e dirigentes debateram, por muito tempo, a respeito dos benefícios e malefícios oriundos da conversão dos clubes em sociedades empresárias.

Historicamente, todos os movimentos a favor da chamada profissionalização do futebol brasileiro sofreram forte resistência por parcela dos entusiastas da modalidade. Para ilustrar, no momento em que atletas começaram a ser remunerados, não faltaram críticos que defendiam a manutenção da proibição de pagamento aos atletas.

Em relação ao tema "clube-empresa" não é diferente. Em alguns países, com maior força do associativismo, esse sempre foi um assunto polêmico, havendo, inclusive, a proibição de que os clubes, ainda que constituídos como sociedades empresárias, distribuíssem lucros aos seus membros, uma das premissas básicas de qualquer sociedade empresária.

Alguns modelos estrangeiros serão mais bem detalhados em capítulo próprio, mas, para fins de exemplo, pode-se citar alguns casos como o da Itália, que até o ano de 1996, quando foi editado o Decreto-Lei nº 485/1996 de 20 de setembro, a associação nacional de futebol proibia que suas sociedades esportivas distribuíssem os lucros entre seus membros. Essa vedação foi incorporada em lei posteriormente, até a entrada em vigor do supracitado decreto-lei, que apesar de permitir a finalidade lucrativa desses clubes, impunha uma limitação na distribuição dos lucros aos sócios[5].

---

5 MOTTA, Luciano. O Mito do Clube Empresa. O Mito do Clube Empresa. Sporto: São Paulo, 2020. p.134-144.

Na França, a legislação esportiva nacional definia os clubes esportivos como organizações de interesse público. Apenas em 1975 passou-se a regulamentar a possibilidade de que essas entidades formassem sociedades esportivas[6]. No artigo L122-10 do referido Código do Esporte francês, é possível constatar a vedação, ainda existente atualmente, de que os clubes constituídos como sociedades de tipos específicos (sociedade unipessoal desportiva de responsabilidade limitada ou de sociedade anônima para fins desportivos) distribuam lucros aos seus membros. Apenas nos casos de sociedades anônimas listadas em Bolsa de Valores é que a distribuição dos lucros é permitida[7].

Na Espanha, a Lei nº 13/1980 de 31 de março, em seu artigo 11, previa de modo expresso que os clubes seriam associações sem fins lucrativos[8], até que na década de 1990 clubes em déficit deveriam se converter ou criarem uma sociedade anônima desportiva para a participação em torneios profissionais[9].

Em Portugal, a Lei nº 1/90 de 13 de janeiro de 1990, já revogada, criou a figura da sociedade com fins desportivos, com o objetivo de que, ao se valerem das previsões legais das sociedades anônimas acerca de boas práticas de gestão e regras de transparências, os clubes desportivos teriam maior sucesso em superarem as enormes crises financeiras que enfrentavam, além de estimularem a entrada de novos investidores.

---

6 MOTTA, Luciano. O Mito do Clube Empresa. Sporto: São Paulo, 2020. p. 149.

7 Art. L122-10 - O lucro, na acepção do artigo L. 232-11 do Código Comercial, da sociedade unipessoal desportiva de responsabilidade limitada e da sociedade anónima para fins desportivos é destinado à constituição de reservas que não podem dar origem a qualquer distribuição.
Em excepção ao disposto no nº 1, as sociedades anónimas com fins desportivos podem distribuir os seus lucros aos acionistas se as ações da sociedade tiverem sido objeto de oferta pública diversa das mencionadas nos nos 1 ou 2 do nº 1. Artigo L. 411-2 do Código Monetário e Financeiro ou artigo L. 411-2-1 do mesmo código ou uma admissão à negociação em mercado regulamentado (tradução nossa).

8 *Articulo once. Son clubs deportivos, a los efectos de esta Ley, las asociaciones privadas con personalidad* jurídica *y capacidad de obrar, cuyo exclusivo objetivo sea el fomento y la práctica de la actividad física y deportiva, sin ánimo de lucro.*

9 RIBEIRO, Maria de Fátima. Sociedades Desportivas. 2. ed. Porto: Universidade Católica Editora, 2017. p. 40.

Nesse cenário, as sociedades com fins desportivos não podiam distribuir os lucros e dividendos aos seus sócios. Maria de Fátima Ribeiro indica que esta espécie de sociedade "figura com contornos intermédios, entre a associação com personalidade civil e a sociedade comercial – e condenada ao insucesso."[10]. De fato, dentre outras características, a impossibilidade distribuir dividendos naturalmente afastaria qualquer investidor.

Mesmo na Inglaterra, país com longa tradição de "clubes-empresas", os clubes, ainda que constituídos como sociedades empresárias, tinham grandes limitações na distribuição dos lucros aos seus acionistas.

No Brasil, por muitos anos fora proibido que os clubes tivessem finalidade lucrativa.

A Lei Federal nº 8.672/1993, comumente conhecida como Lei Zico, responsável por regulamentar o esporte nacional por alguns anos, apresentou alguns dispositivos a respeito do tema. Em seu texto, definiu-se que um clube teria a liberdade de escolha para constituir ou transforma-se numa sociedade comercial ou sociedade civil com fins econômicos[11].

Impende destacar que à época, a Teria dos Atos de Comércio, que vigorava no país, de origem francesa, separava as atividades econômicas em dois grupos, submetidos a regimes específicos: as sociedades civis e as comerciais.

Como o advento do Código Civil de 2002, o Direito Comercial dá lugar ao Direito Empresarial, com a adoção da Teoria da Empresa, cuja origem remete ao ordenamento jurídico italiano.

Diante da baixa adesão dos clubes ao modelo empresarial, a Lei Federal nº 9.615/1998, também conhecida como Lei Pelé, substitui a Lei Zico, prevendo que as atividades relacionadas às competições envolvendo atletas profissionais seriam privativas às sociedades civis com fins econô-

10 RIBEIRO, Maria de Fátima. Sociedades Desportivas. 2. ed. Porto: Universidade Católica Editora, 2017. p. 9.

11 Art. 11. É facultado às entidades de prática e às entidades federais de administração de modalidade profissional, manter a gestão de suas atividades sob a responsabilidade de sociedade com fins lucrativos, desde que adotada uma das seguintes formas:
I – transformar-se em sociedade comercial com finalidade desportiva; (...)

micos e às comerciais[12]. O descumprimento de tal obrigação ensejaria, inclusive, a suspensão das atividades do clube.

De certo, tal dispositivo gerou enorme insatisfação entre os grandes clubes brasileiros.

Há de se apontar o pertinente debate acerca de uma possível violação à autonomia constitucional das entidades desportivas quanto ao seu funcionamento e sua organização, prevista no inciso I do artigo 217 da Carta Magna pátria[13].

A determinação do Estado brasileiro sobre qual forma jurídica um clube ou federação deva adotar, certamente seria objeto de questionamento quanto à sua constitucionalidade. Mais que isso, a probabilidade de que tal dispositivo fosse declarado inconstitucional pelo STF é elevada, uma vez que a constituição jurídica de uma entidade desportiva diz respeito ao seu funcionamento e sua organização.

Cumpre apontar, também, que apesar de a Lei Zico não impor aos clubes a constituição ou conversão em sociedades, ela determinava que o clube deveria manter o poder de controle de sua sociedade. Ou seja, a entidade que constituísse uma sociedade comercial ou uma sociedade civil com fins econômicos deveria ter a maioria do capital votante. Tal determinação também poderia ser declarada inconstitucional, eis que trata de uma questão do âmbito de funcionamento e organização do clube.

12 Art. 27. As atividades relacionadas a competições de atletas profissionais são privativas de:
I – sociedades civis de fins econômicos;
II – sociedades comerciais admitidas na legislação em vigor;
III – entidades de prática desportiva que constituírem sociedade comercial para administração das atividades de que trata este artigo.
Parágrafo único. As entidades de que tratam os incisos I, II e III que infringirem qualquer dispositivo desta Lei terão suas atividades suspensas, enquanto perdurar a violação.

13 Art. 217. É dever do Estado fomentar práticas desportivas formais e não-formais, como direito de cada um, observados:
I - a autonomia das entidades desportivas dirigentes e associações, quanto a sua organização e funcionamento;
(...).

Tais imposições seriam mais adequadas caso se originassem dos regulamentos esportivos das entidades de administração do esporte, mais precisamente, da CBF, ou de uma eventual Liga[14] de clubes.

Assim, pouco tempo depois, no ano de 2000, a Lei Federal nº 9.981 alterou a Lei Pelé, retirando a obrigatoriedade de adoção ao modelo empresarial por parte dos clubes participantes de competições de atletas profissionais, tornando facultativa, assim como na Lei Zico.

Sem nenhuma novidade em relação às vantagens de se tornar uma sociedade, mais uma vez, os principais clubes nacionais se mantiveram sob a forma de associações sem fins lucrativos.

À medida que os anos se passavam e as dívidas dos clubes se tornavam cada vez maiores, o debate acerca da adoção de boas práticas de governança, de maior controle financeiro, dentre outros temas, se manteve aceso, com algumas iniciativas legislativas no sentido de criar um marco regulatório legal do "clube-empresa" no país.

Após extenso percurso nas duas Casas Legislativas, o projeto de lei que previa a criação da Sociedade Anônima do Futebol triunfou, dando origem a Lei Federal nº 14.193/2021, a Lei da SAF.

Com o cuidado de não violar o supracitado princípio da autonomia esportiva, o Legislador, evitou qualquer norma que pudesse ensejar tal discussão, o que fatalmente geraria certa insegurança jurídica e, consequentemente, diminuiria a eficácia da Lei.

---

14 Em linhas gerais, a federação nacional é a entidade de administração do desporto, com o dever de regular a modalidade – no caso o futebol – no âmbito nacional, sendo a responsável por gerir a seleção nacional e possui autonomia sobre as federações regionais e clubes a si filiadas. No caso do Brasil, a entidade nacional de administração do esporte é a Confederação Brasileira de Futebol, não existindo uma Liga constituída. As ligas, por sua vez, são organizações formadas por clubes de futebol que organizam e promovam as competições nacionais. Geralmente são autorizadas pelas federações nacionais, mas possuem plena autonomia. Para ilustrar, existem concomitantemente na Espanha a *Real Federación Española de Fútbol*, federação nacional, e a *La Liga*, liga de clubes. Na Inglaterra coexiste a *The Football Association*, federação nacional, e a *Premier League*, liga de clubes. Na atualidade os maiores centros econômicos do futebol mundial possuem ligas constituídas e há a percepção que a maior autonomia acaba por possibilitar a majoração da renda proveniente de patrocínios e direitos de transmissão.

Ao invés de impor aos clubes, a Lei apresenta incentivos para que se convertam em SAF, ou, ao menos, constituam uma na qual sejam acionistas. Essa estratégia tem sido mais interessante, com a imediata adesão de relevantes clubes como o Botafogo de Futebol e Regatas ("Botafogo") e o Cruzeiro Esporte Clube ("Cruzeiro"), como será abordado a seguir.

Em contrapartida, a Lei apresenta determinadas obrigações à SAF relacionadas à prática de uma boa gestão e adoção de medidas que tornem mais transparente sua administração.

CAPÍTULO 2

# CLUBE ASSOCIATIVO X CLUBE-EMPRESA

Não restam dúvidas que nos cerca de 130 anos da presença de clubes de futebol no Brasil, a estrutura jurídica das associações sem fins lucrativos se consolidou esmagadoramente como a principal adotada no país.

Nesse sentido, não é rara a impressão de que os clubes organizados em estruturas societárias, popularmente chamados de "clubes-empresas", sejam frutos da modernidade no mundo do futebol, mas na realidade não é bem assim.

Ainda que houvesse limitações na distribuição de lucros entre seus membros, como já apontado, no princípio do Século XX, já existiam clubes constituídos de forma empresarial. Na Inglaterra, por exemplo, desde sua fundação muitos clubes se organizavam como *Limited Companies*[15]. Por sua vez, em 1919, foi fundado o *Unione Sportiva Salertiana*, na Itália, nos moldes empresariais desde o princípio[16].

Ao se refletir sobre o recorte nacional, o próprio Código Civil de 2002, por si só, fornece mais de uma opção aos clubes que desejem adotar estruturas jurídicas distintas da majoritária. Além disso, a Lei Pelé, desde o ano de 2003, já garantia aos clubes a faculdade de adotar um dos tipos societários previstos pelo Código Civil[17]. Para ilustrar, mesmo antes da

---

15 Companhias Limitadas (tradução nossa).

16 MEGALE, André. O conceito de clube-empresa pelo mundo. *Universidade do Futebol*, Jundiaí, 23 out. 2009. Disponível em: https://universidadedofutebol.com.br/o-conceito-de-clube-empresa-pelo-mundo/. Acesso em: 27 ago. 2019

17 Art. 27. As entidades de prática desportiva participantes de competições profissionais e as entidades de administração de desporto ou ligas em que se organizarem, independentemente da forma jurídica adotada, sujeitam os bens particulares de seus dirigentes ao disposto no art. 50 da Lei nº 10.406, de 10 de janeiro de 2002, além das sanções e responsabilidades previstas no *caput* do art. 1.017 da Lei nº 10.406, de 10 de janeiro de 2002, na hipótese de aplicarem créditos ou bens sociais da entidade desportiva em proveito próprio ou de terceiros.

promulgação da Lei Federal nº 14.193/2021, clubes como o mineiro Coimbra Esporte Clube, o Cuiabá Futebol Clube e o Red Bull Bragantino eram organizados como Sociedades Limitadas, enquanto o paulista Botafogo Futebol Clube, como Sociedade Anônima[18].

A Lei da SAF, portanto, ainda que traga uma inovação, não a apresenta na já existente possibilidade adoção da modalidade societária para um clube de futebol, mas, sim, em um modelo *taylor made* para o futebol. Ou seja, aos clubes, já era permitida a constituição como sociedade empresária. O que a Lei da SAF anuncia é um modelo específico à modalidade.

Nesse sentido, obviamente que se levando em consideração que cada clube individual possui suas particularidades, na sequência será proposta a análise geral das principais características dos clubes brasileiros organizados como associações sem fins lucrativos ou entes societários.

Como disposto no Código Civil, uma associação é caracterizada pela união de pessoas com o objetivo de atingirem fins "não econômicos".[19] Sobre este ponto, vale o comentário de que a Doutrina nacional tem entendido que o Legislador se equivocara ao utilizar o termo "não econômico", uma vez que pode gerar a interpretação errônea de que uma associação não poderia explorar uma atividade produtiva. O mais adequado seria a utilização do termo "não lucrativos", uma vez que uma associação pode explorar uma atividade econômica produtiva, como os clubes associativos de Futebol já fazem, sendo vedado apenas que eles distribuíam entre seus membros os lucros.[20]

Como expresso no próprio nome, os clubes estruturados como associações sem fins lucrativos, via de regra, são abertos a novos associados, desde que atendam aos requisitos estatutários que, de imediato, ou após um período de titularidade como associado, irá adquirir direitos políticos para votar e ser votado.

---

§ 9º É facultado às entidades desportivas profissionais constituírem-se regularmente em sociedade empresária, segundo um dos tipos regulados nos arts. 1.039 a 1.092 da Lei nº 10.406, de 10 de janeiro de 2002 - Código Civil.

18 COUTINHO FILHO, José Eduardo. *Futebol Globalizado:* Paixão de bilhões, mercado de trilhões. Belo Horizonte: D'Plácido, 2021.

19 Art. 53. Constituem-se as associações pela união de pessoas que se organizem para fins não econômicos.

20 Enunciado 534 da VI Jornada de Direito Civil – As associações podem desenvolver atividade econômica, desde que não haja finalidade lucrativa.

Além do quadro de sócios, que pode ser comparado a uma espécie de assembleia geral, em regra os clubes associativos possuem mais dois órgãos administrativos principais: o conselho deliberativo e a diretoria.

A depender das características específicas de cada clube, as eleições dos conselheiros e diretores ocorrem por eleição direta ou indireta, ampla ou qualificada, pelos associados.

O conselho deliberativo possui a incumbência de formular e revisar as normas internas do clube, entre estatuto e regimentos internos. Os conselheiros, ao menos em parte, são eleitos pelos sócios para, em comparação grosseira, assumirem a função "legislativa" do clube.

A diretoria, por sua vez, na maior parte dos clubes nacionais, é escolhida por eleição indireta, através do conselho deliberativo, sem deixar de mencionar existem também clubes que a realizam de maneira direta.

Geralmente consolidada no regime presidencialista, a diretoria – também, em comparação grosseira –, cumpre a função executiva, tendo o presidente como a personificação da representação do clube, além dos diretores, que, via de regra, são responsáveis por departamentos específicos da administração.

Como mencionado, a estrutura associativa é amplamente adotada no futebol brasileiro. Ela, inegavelmente, possui duas grandes vantagens sobre as demais.

A primeira é que, ao menos em tese, nas associações é possível garantir um maior nível de democracia nas decisões do clube, em especial nos clubes que possuem a associação acessível, além da eleição direta para diretores e conselheiros.

Por sua vez, a segunda, conforme garantido pela Lei Federal nº 9.615/98 e Lei Federal nº 8.212/91, as associações sem fins lucrativos que mantêm equipe profissional de futebol possuem alíquotas específicas de contribuição muitíssimo mais favoráveis que as ordinárias previstas pelo legislação tributária nacional.

No entanto, por sua vez, por se tratar de entidade sem fins lucrativos, existe uma gama limitada de ações que um clube associativo pode realizar, podendo não alcançar todo o potencial comercial que uma grande marca esportiva possui.

Em contrapartida, por outro lado, existe a possibilidade do estabelecimento da estrutura jurídica societária nos clubes de futebol.

É evidente que, diferentemente dos clubes associativos, o clube-empresa possui possibilidades muito mais arrojadas de angariar receitas que os ditos "tradicionais", podendo, inclusive, se assim quiserem, abrir o capital na forma de Sociedade Anônima.

Em relação à estrutura, por sua vez, diferentemente do que ocorre nas associações, o clube-empresa possui dono. Nessa altura, a escolha por não utilizar a terminologia "um dono" foi proposital, vez que não necessariamente tal propriedade será concentrada com uma pessoa – física ou jurídica – específica na forma de sócio majoritário. No entanto, o clube deixa de ser plenamente dono de si mesmo, com exceção dos casos em que a associação se mantém como acionista majoritário da própria sociedade empresária.

Tal característica, portanto, pode tornar a participação do indivíduo comum, do "mero torcedor", mais inacessível.

Por sua vez, ainda que muito mitigada pela nova disposição trazida pela Lei da SAF, a tributação do clube-empresa, mesmo que em forma de SAF, ainda é superior à estabelecida para as associações sem fins lucrativos.

Pelo caráter inovador e recente da Lei da SAF, ainda não é possível precisar se sua promulgação será, de fato, um marco no futebol brasileiro, em que deixará de ser majoritariamente adotada a forma associativa com a progressiva transição para o formato societário. No entanto, é inegável que suas inovações trouxeram novas perspectivas ao mercado nacional, contando, inclusive, com a adoção por parte de clubes relevantes no cenário nacional.

Por fim, fugindo dos posicionamentos extremados, pode-se dizer, com tranquilidade, que a regulamentação da SAF, ou mesmo os outros modelos de clube-empresa, não existem para se portarem como a salvação – ou a perdição – do futebol brasileiro, mas, sim, para apresentar novas possibilidades ao ambiente existente.

A boa gestão e o crescimento econômico sustentável dos clubes independem da estrutura jurídica adotada.

Além disso, deve-se observar quais serão os efeitos da realização do principal campeonato nacional com clubes constituídos sob diferentes formas, como associações, SAF's, sociedades limitadas e S/A's. Afinal, ainda que a SAF apresente benefícios, é possível que um clube opte se manter como sociedade limitada, por exemplo, por preferir não estar sujeito aos requisitos de compliance exigidos pela Lei da SAF. Assim sendo, será preciso observar quais serão os impactos esportivos desse cenário, em que clubes que disputam a mesma competição terão direitos e deveres legais distintos.

## *2.1 A regulamentação das SAF's e a entrada do Brasil no mapa global dos Multi-Club Ownerships*

Embora já fosse possível aos clubes brasileiros de futebol assumirem a estrutura jurídica como sociedades empresariais, não há dúvida de que a Lei Federal nº 14.193/2021 representa um grande incentivo para que os clubes o façam.

Atualmente, ao contrário do que acontece na grande maioria dos principais centros do futebol mundial, a esmagadora maioria dos clubes brasileiros está organizada sob a forma de associações sem fins lucrativos.

No entanto, dentre os clubes que realizaram a sucessão esportiva para SAF's no país, para o recorte do presente tópico, certamente se destacam os tradicionalíssimos Botafogo e Vasco da Gama, do Rio de Janeiro, e Cruzeiro, de Minas Gerais.

Por sua vez, em paralelo, é fato que o *Multi-Club Ownership* (MCO) representa uma forma bem consolidada de organização empresarial no futebol globalizado.

O conceito *Multi-Club Ownership* é autoexplicativo. São um grupo – logo, dois ou mais – de clubes que compartilham do mesmo proprietário, sócio majoritário ou acionista controlador, ou que fazem parte da mesma estrutura jurídica, organizada na forma de holding ou de associação econômica, tácita ou formalmente constituída[21].

Para ilustrar, na Europa, a família Pozzo controla simultaneamente o *Watford Football Club e a Udinese Calcio*. No Extremo Oriente, a gigante Hyundai controla o *Ulsan Hyundai Football Club* e o *Jeonbuk Hyundai Motors Football Club*, ambos da Coreia do Sul.

---

21 COUTINHO FILHO, José Eduardo. *Futebol Globalizado:* Paixão de bilhões, mercado de trilhões. Belo Horizonte: D'Plácido, 2021.

Nesse cenário, portanto, cabe ilustrar a relação entre o Botafogo, Vasco da Gama e o Cruzeiro com a forma de organização em *Multi-Club Ownership*.

O Botafogo de Futebol e Regatas foi fundado em 1904, na cidade do Rio de Janeiro. O tradicional clube carioca, que conta com atletas históricos como o Garrincha, Didi, Zagallo e Nílton Santos, é o recordista de convocações de atletas pela Seleção Brasileira na história da Copa do Mundo.

Após mais de cem anos organizado como organização sem fins lucrativos, em janeiro de 2022 o conselho deliberativo do Botafogo aprovou a consolidação de sua transformação em SAF, com a sucessiva aquisição de 90% de seu capital social pela quantia de 400 milhões de reais, que representava, na época, aproximadamente 66 milhões de Euros, pelo empresário John Textor, de origem estadunidense[22].

Além do Botafogo, em que ocupa a posição de acionista majoritário, Textor também é proprietário do *Olympique Lyonnais*, da elite do futebol francês, do *RWD Molenbeek*, clube da segunda divisão do futebol belga, além de ter participação minoritária nas ações do *Crystal Palace*, que disputa a *Premier League*.

Por sua vez, o Cruzeiro Esporte Clube é um clube de futebol fundado em 1921, em Belo Horizonte, capital do estado de Minas Gerais. O bicampeão da Libertadores e maior vencedor da Copa do Brasil, o Cruzeiro também é conhecido como formador de Ronaldo Nazário, um dos maiores atletas de futebol de todos os tempos.

Curiosamente, quase 30 anos após sua estreia no Cruzeiro, o mesmo Ronaldo, pouco após o Cruzeiro iniciar a transformação para a SAF, anunciou que estava formalizando a compra de 90% do capital social do clube, pelo mesmo valor de 400 milhões de reais.

Assim como Textor, Ronaldo, além de sua atuação no Cruzeiro, é atualmente o acionista majoritário e presidente do clube espanhol *Real Valladolid*.

---

22 COUTINHO FILHO, José Eduardo. The new Brazilian Football Limited Companies regulations: It came the time for Brazil to enter the strategic Multi-Club Ownership map? Disponível em: https://www.linkedin.com/pulse/new-brazilian-football-limited-companies-regulations-came-coutinho/. Acesso em 20 jul. 2022.

O caso do Vasco da Gama apresenta algumas diferenças interessantes em relação ao Botafogo e Cruzeiro, casos em que há a figura de uma pessoa central como sócia majoritária das SAF', detentora de 90% de participação acionária, de modo que os clubes mantiveram tão somente o mínimo indicado pela Lei da SAF para conferir certos poderes especiais, como será tratado em capítulo próprio.

Igualmente tradicional, o Vasco da Gama, apesar da origem portuguesa, foi fundado no Rio de Janeiro, formou uma das maiores torcidas do país graças aos grandes títulos nacionais e internacionais conquistados e por sua história marcada, não apenas por vitórias dentro de campo, como também por importantes posicionamentos fora dele, como por exemplo quando abriu as portas do clube a atletas negros, quando seus rivais não o faziam.

Nesse ano de 2022, após fundar sua SAF, o clube alienou 70% de suas ações para a norte-americana 777 *Partners*, sociedade especializada em investimentos em diferentes setores, como o da aviação, seguros e entretenimento. A empresa também conta com participações em outros clubes, como o tradicional clube espanhol *Sevilla*, do qual é sócio minoritário, o clube italiano *Genoa* e o *Red Star FC*, clube das divisões inferiores da França.

Ainda que os mais céticos possam, porventura, tratar o fato como mera coincidência, não pode ser ignorado o fato de que os dois primeiros grandes investimentos em SAF's brasileiras vieram de investidores que já controlavam outros clubes ao redor do globo.

Nesse sentido, cabe o questionamento: a regulamentação da SAF poderia ser o marco inicial da entrada do futebol brasileiro no mapa estratégico dos *Multi-Club Ownership*?

Antes de qualquer coisa, importa ressaltar que os referidos clubes - Botafogo, Vasco e Cruzeiro - não foram pioneiros no futebol nacional. O conglomerado esportivo *Red Bull* controla não apenas um, mas dois clubes de futebol do país, Red Bull Brasil e Red Bull Bragantino, ambos no estado de São Paulo. No entanto, apesar de plenamente consolidado, o exemplo da *Red Bull* não iniciou, na prática, um processo consolidado de desenvolvimento do *Multi-Club Ownership* no Brasil, sendo, de certa maneira, uma exceção.

Porém, com a entrada em vigor de um novo paradigma, proporcionado pela SAF, o cenário pode se modificar.

Existem alguns mercados estratégicos que se mostram, por diferentes razões, estratégicos para a organização como *Multi-Club Ownership* no universo do futebol.

O mercado inglês, especialmente a Premier League, é um exemplo óbvio. Sendo a liga de futebol mais rentável do mundo, é natural lá estejam alguns dos principais alvos dos *Multi-Club Ownership*.

Após o *Brexit*[23], alguns mercados na Europa também se tornaram alvo, justamente para facilitar uma futura transferência de centros do futebol da União Europeia para o Reino Unido. Nesse caso, alguns mercados como os países nórdicos e divisões inferiores da França tornaram-se muito atraentes para os investidores. Da mesma forma, parcela considerável de clubes belgas está sendo integrados em grupos de MCO.

O mercado dos Estados Unidos da América também se mostra interessante, devido ao seu potencial econômico. Além de muitos investidores serem naturais dos Estados Unidos, a forma esportiva da MLS, sem rebaixamento, o torna muito seguro de investir.

Por outro lado, o mercado asiático é absolutamente relevante em termos de apelo público. Há literalmente bilhões de potenciais fãs de futebol no extremo oriente, tornando a região muito importante em termos estratégicos.

Mas, e o Brasil?

Existem alguns indicadores de que o mercado brasileiro pode definitivamente entrar no mapa estratégico do *Multi-Club Ownership*.

Em primeiro lugar, como dito anteriormente, a formalização das SAF's pode ser o pontapé inicial que a onda de transformações que clubes brasileiros em sociedades empresariais precisava.

Além disso, não é segredo que o futebol carrega um enorme impacto cultural e social no Brasil, sendo quase garantia de que uma gestão bem desenvolvida do clube traria engajamento público para o MCO.

Pode-se destacar as negociações envolvendo o *City Football Group* e o tradicional clube do Bahia, que até a finalização da presente obra, ain-

23 Processo de saída do Reino Unido da União Europeia, que popularmente recebeu a alcunha de *Brexit*, abreviação para *"British exit"*.

da estavam em curso. Tendo como principal ativo o Manchester City, o portfólio da organização conta com clubes em países como os EUA, Austrália, Japão, Espanha, China, Índia, França, Bélgica, Itália e Uruguai. Ainda que tais negociações não tenham um desfecho positivo, já se demonstra a intenção de um grande agente internacional de entrar no futebol brasileiro.

Também, embora existam alguns exemplos do interesse dos *Multi-Club Ownership* na América do Sul, como *Montevidéu City Torque, Fútbol Club Bolívar* ou mesmo o Red Bull Bragantino, não se pode dizer que há um investimento relevante desses *players* no continente.

Nesse sentido, o Brasil pode facilmente ser o principal alvo da região. O país possui os maiores centros urbanos, a maior população e a economia mais forte, além de, por conta da recente realização da Copa do Mundo, em 2014, a maior parte das principais estruturas do futebol do continente, como estádios e campos de treinamento, estarem no Brasil.

Também, em termos econômicos, há outro fator a ser ressaltado.

Desde que o Brasil adotou a moeda corrente, em 1994, esse é um dos períodos em que o Real se encontra mais desvalorizado em relação ao Dólar Americano e ao Euro. Assim sendo, atualmente é proporcionalmente mais barato para o investidor internacional entrar no mercado nacional.

Para ilustrar, menciona-se o fato de que 90% de um clube expressivo como Cruzeiro ou Botafogo custou, ao investidor, menos de 70 milhões de euros. Colocando em perspectiva, os valores despendidos pelo *Real Madrid* apenas para a contratação de Aurélien Tchouameni, do *Monaco FC*, na janela de transferências de verão europeia de 2022, estimada em 80 milhões de euros, exigiu um investimento maior do que Ronaldo e Textor tiveram que fazer para adquirir quase que a totalidade das ações do Cruzeiro e Botafogo.

Por último, mas não menos importante, o Brasil, ao longo de décadas, foi, e ainda é, o maior produtor de atletas de futebol do mundo, exportando suas estrelas para todo o globo. Em termos estratégicos, não há dúvidas de que ter um clube na principal indústria de craques do futebol mundial poderia fazer a diferença no futuro da gestão do elenco.

CAPÍTULO 3

# MODELOS ESTRANGEIROS

Conforme abordado anteriormente, no âmbito nacional, a Lei Pelé já garantia aos clubes a possibilidade de adotarem estruturas jurídicas distintas das associações sem fins lucrativos.

Ao contrário do senso comum, portanto, não foi a Lei Federal nº 14.193/2021 que introduziu o conceito de clubes organizados de maneira societária, ou, vulgarmente, "clube-empresa", no futebol organizado brasileiro. A grande inovação da legislação, por sua vez, foi introduzir, nacionalmente, um novo modelo de estrutura jurídica formulada especificamente para o futebol.

Apesar do nível de inovação no mercado interno, no entanto, existem no universo do futebol outros modelos, adotados internacionalmente em período anterior que merecem breve análise específica[24].

## *3.1 Espanha: Sociedad Anónima Deportiva, SAD*

Estando com muitos de seus principais clubes em crise financeira na década de 1990, e vislumbrando a maior complexidade das organizações esportivas, foi promulgada na Espanha a *Ley 10/1990 del Deporte*[25], criando a *Sociedad Anónima Deportiva*[26] (SAD), nova organização societária exclusivamente formulada para a entidade de prática esportiva, atendendo sua peculiar função social[27].

---

24 MEGALE, André. O conceito de clube-empresa pelo mundo. *Universidade do Futebol*, Jundiaí, 23 out. 2009. Disponível em: https://universidadedofutebol.com.br/o-conceito-de-clube-empresa-pelo-mundo/. Acesso em: 27 jul. 2022.

25 Lei 10/1990 do Esporte (tradução nossa).

26 Sociedade Anônima Desportiva (tradução nossa).

27 MARTÍNEZ-LEMOS, Rodolfo Iván. Sociedades Anónimas Deportivas de La Liga de Fútbol Profesional en España: Um Análisis Empresarial Descriptivo. *Revista Española de Educación Física y Deportes*, Madrid, n. 408, 2015.

Sobre o tema, lecionam Rodrigo Monteiro de Castro e José Francisco Manssur:

> O modelo, portanto, foi construído a fim de resgatar, salvar e instituir uma forma sustentável de gestão do esporte profissional, cujos protagonistas, os clubes, encontravam-se mergulhados em dívidas ou passavam por crises administrativas importantes. Por isso, em sua origem e a partir do Real Decreto 1.084, de 5 de julho de 1991, passou-se a exigir dos clubes que apresentassem saldo patrimonial líquido negativo, em qualquer um dos cinco anos anteriores, a adoção da forma de sociedade anônima, empregando-se, para este fim, uma das seguintes técnicas: transformação, por destaque da equipe profissional ou por constituição ex novo. A consequência da inobservância seria o impedimento de participação nas competições profissionais. A lei estabelece algumas limitações objetivas como: (i) a participação, pela sociedade anônima desportiva, em competições oficiais profissionais de apenas uma modalidade desportiva – obrigando a constituição de tantas sociedades, com finalidades específicas, quantas fossem as atividades profissionais praticadas; e (ii) a determinação do objeto social que se resume à promoção e desenvolvimento de atividades desportivas, bem como outras atividades relacionadas ou derivadas destas práticas[28].

Na prática, a legislação obrigou todos os clubes profissionais de futebol – com exceção, na época, do *Real Madrid Club de Fútbol*, do *Fútbol Club Barcelona*, do *Athletic Club* de Bilbao e do *Club Atlético Osasuna* – a se converterem em SAD's[29].

O modelo foi de suma importância, por apresentar uma alternativa proposta pelo Legislador para a readequação dos moldes estatais pensando exclusivamente nas particularidades do universo esportivo e, em consequência, incentivando ativamente o debate sobre sua viabilidade em outros grandes centros do futebol organizado.

---

28 CASTRO, Rodrigo Monteiro de; MANSSUR; José Francisco Cimino. *Futebol, mercado e estado – projeto de recuperação, estabilização e desenvolvimento sustentável do futebol brasileiro:* estrutura, governo e financiamento. São Paulo: Quartier Latin, 2016, p. 35 e 36.

29 COUTINHO FILHO, José Eduardo. *Futebol Globalizado:* Paixão de bilhões, mercado de trilhões. Belo Horizonte: D'Plácido, 2021.

## 3.2 Portugal: Sociedades Anônimas Desportivas, SAD, e Sociedade Desportiva Unipessoal por quotas, SDUQ

Com o ímpeto iniciado pelo Legislador espanhol poucos anos antes, em Portugal, o primeiro passo para a consolidação do modelo atual foi dado através do Decreto-Lei nº 146, de 21 de junho de 1995, que trouxe a inovação do regime jurídico das sociedades desportivas, até então sem paralelo no direito societário português.

Diante do cenário de crise econômica das principais agremiações esportivas do país, apenas dois anos depois, em 1997, o Legislador criou, através do Decreto-Lei nº 67, o chamado Regime Jurídico das Sociedades Anônimas Desportivas, que possibilitava aos clubes a opção pela transição para o modelo de Sociedades Anônimas Desportivas[30].

Na prática, os efeitos não foram significativos, sobretudo por ter a maior parte dos clubes preferido manter a estrutura associativa vigente, tornando a legislação sem muito efeito prático.

O cenário só veio a se alterar substancialmente em 2013, com a publicação do Decreto-Lei Federal nº 10/2013, do Regime Jurídico das Sociedades Desportivas (SAD), que tornou mandatória, para a participação em competições profissionais, da adoção do regime societário, seja na forma de Sociedade Anônima Desportiva, ou da Sociedade Desportiva Unipessoal por Quotas (SDUQ).

Em contrapartida, a legislação garante aos clubes um regime tributário diferenciado, bem como oferece travas para que o Clube Original (lá, denominado de clube fundador) possa manter o controle de decisões-chave da companhia, como a utilização de cores, localização da sede e alterações de nome, mesmo detendo o mínimo legal do capital social, que, no caso, é de 10%[31].

A respeito do supracitado mínimo legal previsto na legislação portuguesa, deve-se destacar, de forma bastante breve, a discussão a respeito

---

30 RODRIGUES, Julian Henrique Dias; RODRIGUES, Renato Morad. *Aspectos controvertidos do Regime Jurídico das Sociedades Desportivas*. Lisboa, 05 fev. 2019. Acesso em 18 jul. 2022.

31 CASTRO, Rodrigo Monteiro de; MANSSUR; José Francisco Cimino. *Futebol, mercado e estado – projeto de recuperação, estabilização e desenvolvimento sustentável do futebol brasileiro:* estrutura, governo e financiamento. São Paulo: Quartier Latin, 2016.

obrigatoriedade de o clube fundador se manter acionista da SAD a qual fundou. Há na Doutrina quem defenda que o clube fundador tem o direito de se desfazer integralmente de suas ações da SAD, com o objeto de fundar uma nova[32]. No campo jurisprudencial, cita-se o precedente pioneiro do caso do Clube de Futebo "Os Belenenses", clube tradicional que rompeu seu sócio na denominada Belenenses SAD, e conseguiu, por meio judicial, garantir seu direito de se retirar da sociedade e fundar outra SAD.[33]

Na temporada de 2022-2023, dos dezoito clubes da primeira divisão portuguesa, treze estão organizados na forma de SAD, enquanto cinco se mantém no modelo unipessoal.

### 3.3 França: Societé D'économie Mixte Locale

Diferentemente da onda de inovações trazidas ao futebol no fim do Século XX e início do Século XXI, as primeiras movimentações no sentido de organizar distintas estruturas societárias para o futebol na França remontam aos anos 1970.

Introduzida em 1975, a *societé d'économie mixte locale*, forma de sociedade anônima com objetivo de desenvolver a educação física e o esporte, traziam a possibilidade de uma entidade, geralmente um clube, que empregasse atletas profissionais remunerados, realizar sua conversão para a inovadora forma de organização jurídica. Exigia-se, ainda, que fizessem parte do capital da sociedade "coletividades públicas locais" [34].

O primeiro clube francês a adotar a especialíssima forma de organização de sociedade empresária do futebol foi o *Lille Olympique Sporting Club*, em 1980.

---

32 Destaca-se a Professora Maria de Fátima Ribeiro, em parecer elaborado ao Caso Belenenses, no Processo Comum nº 24272/18.5T8LSB

33 1ª Instância – Processo Comum nº 24272/18.5T8LSB. Juízo Central Cível de Lisboa do Tribunal Judicial da Comarca de Lisboa. / 2ª Instância – Apelação nº 24272/18.5T8LSB.L1. 7ª Secção do Tribunal de Relação de Lisboa.

34 CASTRO, Rodrigo Monteiro de; MANSSUR; José Francisco Cimino. *Futebol, mercado e estado – projeto de recuperação, estabilização e desenvolvimento sustentável do futebol brasileiro:* estrutura, governo e financiamento. São Paulo: Quartier Latin, 2016.

Atualmente, com as modificações sucedidas através dos anos, uma sociedade esportiva francesa pode adotar a forma de uma sociedade limitada, uma sociedade anônima de propósito desportivo, uma sociedade anônima desportivo profissional, uma sociedade limitada, uma sociedade anônima ou uma sociedade anônima simplificada.

Ainda, sobre o tema, lecionam Rodrigo Monteiro de Castro e José Francisco Manssur:

> O modelo francês tipifica e regula a sociedade desportiva apenas pelo objeto, sem oferecer-lhe uma forma jurídica própria, um tipo societário específico, como ocorre, por exemplo, em Espanha e em Portugal. Identificada, porém, a natureza desportiva, a sociedade deverá observar regras específicas, que se somam às normas do tipo societário adotado.
> Neste sentido, o art. L122-4 do Código do Esporte estabelece que a associação que superar ao menos um dos pisos previstos em decreto deverá constituir a sociedade desportiva, sob uma das formas admitidas, no prazo de um ano a contar da data em que a subsunção se verificar, sob pena de exclusão das competições organizadas pelas federações desportivas.
> A associação desportiva (ou o Clube) deve deter, pelo menos, um terço do capital social e dos direitos de voto na assembleia geral da sociedade anônima de propósito desportivo que ela constituir.
> Uma pessoa, física ou jurídica, de direito privado, não poderá controlar, isoladamente ou em conjunto com outras pessoas, mais de uma sociedade cujo objeto seja uma mesma atividade desportiva, ou sobre elas exercer influência significativa; e também não poderá integrar órgãos de administração de mais de uma sociedade cujo objeto seja uma mesma atividade desportiva[35].

35 CASTRO, Rodrigo Monteiro de; MANSSUR; José Francisco Cimino. *Futebol, mercado e estado – projeto de recuperação, estabilização e desenvolvimento sustentável do futebol brasileiro:* estrutura, governo e financiamento. São Paulo: Quartier Latin, 2016, p. 34 e 35.

Na atual temporada, todos os clubes da primeira e segunda divisões do futebol francês estão organizados com a estrutura societária para gestão de seu futebol.

## 3.4 Chile: Sociedades Anónimas Deportivas Profissionales, SADP

A história da transformação do mercado do futebol chileno tem como marco fundamental o ano de 2005, com a promulgação da Ley nº 20.019, de 7 de maio, que introduziu o modelo de *Sociedades Anónimas Deportivas Profissionales* (SADP) no ordenamento jurídico nacional.

Passando por um período de grave crise econômica de seus principais clubes, o modelo SADP foi uma alternativa trazida pelo Legislador para propor uma profunda reformulação no futebol local.

Os pilares fundamentais do projeto foram a profissionalização da gestão de clubes, além da possibilidade da facilitação de acordos com o Estado para solver as dívidas contraídas pela associação.

Após mais de 15 anos da promulgação da lei, o futebol chileno apresenta resultados divergentes. Por um lado, há um inegável crescimento das competições nacional. Para ilustrar, se outrora foi considerado de importância periférica no continente, nos últimos anos o futebol chileno apresenta números de faturamento relevantes. Em 2019, o faturamento local, na América Latina, foi inferior somente ao brasileiro e mexicano, e segue, a passos largos, para se consolidar, juntamente com o argentino, como a terceira potência da região[36].

Por outro lado, o paradigma do mais popular clube do país, o *Club Social y Deportivo Colo-Colo*, apresenta um contraponto ao aparente sucesso recente do modelo chileno.

Administrado desde 2005 pela *Blanco y Negro S.A.*, o quase centenário *Colo-Colo* passa por uma de suas maiores crises administrativas e financeiras, que quase culminaram no inédito rebaixamento do clube para a segunda divisão chilena na temporada 2021.

36 SOMOGGI, Almir. *Modelo de gestão empresarial do futebol chileno*. São Paulo, 20 de junho de 2021. Disponível em: https://www.sportsvalue.com.br/modelo-de-gestao-empresarial-do-futebol-chileno/. Acesso em 21 jul. 2021.

O modelo chileno é uma referência prática da máxima de que a mera transformação da forma de associação sem fins lucrativos para entidade empresarial não é o suficiente para garantir a evolução dos resultados esportivos e financeiros, devendo, conjuntamente, ser promovida a mudança positiva em termos de gestão, *compliance* e administração profissional para alcançar os resultados almejados.

### *3.5 Colômbia: Sociedad Anónima Deportiva, SAD*

O embrião do modelo colombiano de estrutura societária para o futebol remonta à Lei nº 181, de 18 de janeiro de 1995, também conhecida como *Lei del Deporte*, que foi responsável pela criação do *Sistema Nacional de Deporte*, além de estabelecer os pilares para o desenvolvimento da prática formal do esporte, da educação física e da recreação no país[37].

Por sua vez, a Lei nº 1.445[38], de 12 de maio de 2011, trouxe sensíveis modificações à legislação de 1995 no que se refere à organização de clubes em estrutura societária, com destaque às seguintes passagens:

> Artigo 29 – Organização dos clubes com desportistas profissionais. Os clubes com esportistas profissionais deverão se organizar ou como Corporações ou Associações esportivas, dentre as previstas no Código Civil, ou como Sociedades Anônimas, das previstas no Código Comercial, conforme os requisitos que se estabelecem na presente lei.
>
> Parágrafo 1º. Ao término de seis (6) meses contados a partir da entrada em vigor da presente lei, nenhuma pessoa, física ou jurídica, terá direito a mais de um (1) voto, independentemente do número de títulos de filiação, direitos ou aportes financeiros que possuir nos clubes com desportistas profissionais organizados como Corporações ou Associações desportivas.

---

37 CASTRO, Rodrigo Monteiro de; MANSSUR; José Francisco Cimino. *Futebol, mercado e estado – projeto de recuperação, estabilização e desenvolvimento sustentável do futebol brasileiro:* estrutura, governo e financiamento. São Paulo: Quartier Latin, 2016.

38 COLÔMBIA. Ley 1.145, de 12 de mayo de 2011. Bogotá, 12 maio 2011. Disponível em: https://www.funcionpublica.gov.co/eva/gestornormativo/norma.php?i=42807. Acesso em: 11 jul. 2022.

> Parágrafo 2°. Nenhuma pessoa física ou jurídica poderá deter o controle de mais de um clube da mesma modalidade, direta ou indiretamente.
>
> Parágrafo 3°. Os clubes com desportistas profissionais que decidam por se inscrever no Registro Nacional de Valores y Emisores (RNVE) ou inscrever suas ações no mesmo, estarão sujeitos às normas próprias do mercado de valores em condição de emissor.[39] (tradução nossa)

Ainda, cabe destacar:

> Artigo 4° - Da conversão dos clubes profissionais. Em nenhum caso, a conversão produzirá a dissolução ou a liquidação dos clubes com desportistas profissionais, eis que a mencionada pessoa jurídica seguirá sendo titular de todos seus direitos e da responsabilidade das obrigações que afetavam seu patrimônio.
>
> Igualmente, a conversão não afetará os contratos, os reconhecimentos esportivos, nem os direitos desportivos que constituem o patrimônio dos clubes com desportistas profissionais.
>
> Para realizar a conversão, o órgão competente será a assembleia do organismo desportivo que aprovará o método de intercâmbio de aportes por ações, no qual deverá se efetuar em pro-

39 Do original:
*Artículo 29. Organización de los clubes con deportistas profesionales. Los clubes con deportistas profesionales deberán organizarse o como Corporaciones o Asociaciones deportivas, de las previstas en el Código Civil, o como Sociedades Anónimas, de las previstas en el Código de Comercio, conforme a los requisitos que se establecen en la presente ley.*
*Parágrafo 1°. Después del término de seis (6) meses contados a partir de la entrada en vigencia de la presente ley, ninguna persona, natural o jurídica, tendrá derecho a más de un (1) voto, sin importar el número de títulos de afiliación, derechos o aportes que posea en los clubes con deportistas profesionales organizados como Corporaciones o Asociaciones deportivas.*
*Parágrafo 2°. Ninguna persona natural o jurídica podrá tener el control en más de un club del mismo deporte, directamente o por interpuesta persona.*
*Parágrafo 3°. Los clubes con deportistas profesionales que decidan inscribirse en el Registro Nacional de Valores y Emisores (RNVE) o inscribir sus valores en el mismo, estarán sujetos a las normas propias del mercado de valores en su condición de emisor.*

porção ao capital. Esse método deverá respeitar os direitos dos associados minoritários.

Os aportes realizados pelas associações dos clubes regressarão por solicitação de seus aportantes dentro dos dois (2) meses seguintes da realização da conversão.

Adicionalmente, tal órgão deverá aprovar a transferência de ações da sociedade anônima de forma imediata entre o público geral; portanto, não haverá direito de preferência nem limite máximo de aquisição por parte dos sócios, aportantes ou novos acionistas.

O montante da transferência não poderá ser inferior ao dobro do capital resultante do método de intercambio de aportes por ações. A subscrição e pagamento de ações dessa forma de capitalização ocorrerá nas condições, proporções e prazos previstos para as sociedades anônimas no Código Comercial. Para efeitos desta capitalização, o valor nominal de cada ação não poderá ser superior a uma Unidad de Valor Tributario (UVT)[40]. (tradução nossa)

---

40 Do original:
*Artículo 4°. De la conversión de los clubes profesionales. En ningún caso, la conversión producirá la disolución ni la liquidación de los clubes con deportistas profesionales, por lo que la citada persona jurídica continuará siendo titular de todos sus derechos y a la vez responsable de las obligaciones que venían afectando su patrimonio.*
*Igualmente la conversión no afectará los contratos, los reconocimientos deportivos, ni los derechos deportivos que constituyen el patrimonio de los clubes con deportistas profesionales.*
*Para realizar la conversión, el órgano competente será la asamblea del organismo deportivo la que aprobará el método de intercambio de aportes por acciones, el cual deberá efectuarse en proporción al capital. Este método deberá respetar los derechos de los asociados minoritarios.*
*Los aportes hechos por los asociados de los clubes se les regresarán a solicitud de sus aportantes dentro de los dos (2) meses siguientes de realizada la conversión.*
*Adicionalmente, dicho órgano deberá aprobar la colocación de acciones de la sociedad anónima en forma inmediata entre el público en general; por tanto, no habrá derecho de preferencia ni límite máximo de adquisición por parte de asociados, aportantes o nuevos inversionistas.*

Atualmente, com exceção unicamente do *Deportivo Cali*, todos os historicamente reconhecidos como principais clubes do país *(Deportivo Cali, América de Cali, Millonarios, Santa Fé, Nacional, Deportivo Independiente, Junior Barranquilla e Once Caldas)*, são organizados com estrutura societária.

É evidente que cada um dos modelos mencionados foi formulado tendo em consideração a realidade e os anseios específicos de cada local. No entanto, também é inegável que cada um deles influenciou, e se influenciam, direta ou indiretamente formando um cenário coletivo que, sem dúvidas, serviu de base para a estrutura proposta pela Lei Federal nº 14.193/2021.

*El monto de la colocación no podrá ser inferior al doble del capital que resulte del método de intercambio de aportes por acciones. La suscripción y pago de acciones de esta capitalización se hará en las condiciones, proporciones y plazos previstos para las sociedades anónimas en el Código de Comercio. Para efectos de esta capitalización, el valor nominal de cada acción no podrá ser superior a una Unidad de Valor Tributario (UVT).*

## CAPÍTULO 4

# LEI FEDERAL Nº 14.193/2021

Até esse ponto, questões históricas envolvendo clubes de futebol como sociedades empresárias – ou não – no Brasil e no mundo foram apresentadas e, após entender o cenário geral, chega-se ao momento de desenvolver a nova realidade brasileira: a Lei da SAF. A Lei nº 14.193/2021 oportuniza às entidades de prática desportiva uma nova forma de estruturação jurídica, além das comuns associações civis e dos conhecidos modelos societários já adotados por algumas entidades. A Sociedade Anônima do Futebol surge como uma nova opção no cenário futebolístico.

Como já indicado nessa obra, não se busca aqui apontar a estrutura da Sociedade Anônima do Futebol como melhor ou pior do que outra forma de constituição, apenas discorrer sobre como a SAF pode ser aplicada e quais vantagens e desvantagens podem ser encontradas nesse modelo societário.

Contudo, conforme indicado nas indicações de leitura desta obra, vale relembrar a observação quanto às duas expressões usadas na legislação. A Lei da SAF utiliza a expressão clube como "associação civil dedicada ao fomento e à prática do futebol", ou seja, as formas tradicionais de clubes como conhecemos; e a expressão "pessoa jurídica original" como "sociedade empresária dedicada ao fomento e a prática do futebol", ou seja, um "clube-empresa" não constituído como SAF.

Destaca-se que, apesar de o Legislador ter optado pela definição exposta para auxiliar na compreensão da lei, nessa obra, tanto associação civil como sociedade empresarial são pessoas jurídicas, ao passo que ambas, quando entidades de prática desportivas são conhecidas como clubes.

Assim, em que pese a compreensão quanto o intente do Legislador na escolha da nomenclatura, essa obra trata ambas as hipóteses como Clube Original.

## 4.1 Disposições Introdutórias

De início, é necessário reforçar que a motivação em constituir uma SAF não pode ser simplesmente a alteração da constituição jurídica do clube. Ao contrário do que se pode imaginar, a SAF é apenas um meio para alcançar o objetivo de melhor organização esportiva, que somente trará resultados positivos se estiver aliado à adoção de boas práticas de governança coerentes com o cenário esportivo.

Nesse cenário, não tendo a simples criação da SAF como um resultado fim, torna-se mais fácil a compreensão de uma nova perspectiva de que a partir da adoção ao modelo de SAF, bem como de um programa de governança eficiente, será possível construir um novo mercado do futebol brasileiro.

Para analisar a aplicabilidade da Sociedade Anônima do Futebol no futebol organizado brasileiro, faz-se necessária uma análise mais apurada do art. 1º da Lei da SAF. No estudo da primeira parte do dispositivo, resta evidente que somente poderá se constituir como SAF a companhia cuja atividade principal consistir na prática do futebol.

Na sequência, o mesmo dispositivo determina que tal prática deve ocorrer nas categorias feminina e masculina e em competição profissional. Importante ressaltar a exigência de que a categoria feminina dispute competição profissional para constituição da SAF, uma vez que é o primeiro instrumento, público ou privado, que prevê a obrigatoriedade de participação em competições profissionais para a categoria feminina.

No cenário anterior à vigência da Lei da SAF, apenas o Regulamento de Licença de Clubes da CBF, em relação às equipes da Série A do Campeonato Brasileiro, e o da CONMEBOL, quanto às equipes que atuam em suas competições, exigiam a manutenção de equipe principal feminina e uma categoria de base feminina, sem requerer a profissionalização da nenhuma das duas.

Ainda, o §2º do mesmo artigo reforça a referida obrigatoriedade, ao dispor que o objeto social da SAF poderá compreender diversas atividades, entre elas, o fomento e desenvolvimento da prática do futebol, *obrigatoriamente* nas modalidades feminino e masculino.

A formação do atleta profissional de futebol, tanto na categoria feminina, como na masculina, também é uma possibilidade de objeto social previsto no inciso II do referido § 2°, art. 1° da Lei da SAF.

De certo, a obrigatoriedade trazida pela Lei da SAF apresenta um relevante avanço para a profissionalização e o crescimento do futebol feminino que, por muitas décadas fora negligenciado no país, tendo sido, inclusive, proibido. O artigo n° 54 do Decreto-lei 3199, de abril de 1941, época em que vigorava o denominado Estado Novo no Brasil, determinava que as mulheres não poderiam praticar "desportos incompatíveis com as condições de sua natureza (...)".[41]

Porém, por outro lado, deve-se atentar para o risco que a interpretação literal desse dispositivo poderá afastar investidores interessados em aportar seu capital para a criação de uma SAF que participe exclusivamente de competições femininas. Prever a obrigatoriedade de investimento no caríssimo mercado do futebol profissional masculino pode representar um ônus demasiadamente desproporcional.

Todavia, tal exigência não se aplica na prática. Por exemplo, pode-se citar o caso do Athletic Club SAF, de São João del-Rei, Minas Gerais, que dispõe apenas de equipes na categoria masculina.

Cabe ressaltar que na existência das duas categorias, masculina e feminina, ambas devem passar para o controle da SAF.

Assim, pode-se compreender que a Sociedade Anônima do Futebol busca inovar o mercado futebolístico brasileiro e garantir que, em todas as categorias, o futebol brasileiro alcance os grandes mercados internacionais.

### *4.1.1 Da natureza jurídica e da subsidiariedade de outras leis*

Passando para o estudo da natureza jurídica da SAF, pode-se reconhecer a criação de um novo subtipo societário. Dessa forma, o que não está contemplado na Lei da SAF pode ser aplicado a partir do que dispõe a Lei Federal n° 6.404/1976 (doravante LSA), que rege as sociedades por ações.

No geral, a Sociedade Anônima do Futebol, conforme aponta o nome, pode ser reconhecida como um subtipo de sociedade anônima, o que justifica a aplicação subsidiária das especificidades dessa.

---

41 Disponível em < https://www2.camara.leg.br/legin/fed/declei/1940-1949/decreto-lei-3199-14-abril-1941-413238-publicacaooriginal-1-pe.html >. Acesso em 01/09/2022.

Por outro lado, não há o que se falar em subsidiariedade em relação à Lei Pelé, tratando-se de aplicação complementar. Independente da estrutura jurídica assumida, a Lei Pelé abrange todo o conteúdo aplicado ao futebol, sendo suas disposições aplicadas independentemente da constituição, ou não, em SAF.

Impende destacar a tramitação do Substitutivo da Câmara dos Deputados ao Projeto de Lei nº 1.153-B de 2019 do Senado Federal, que institui a Lei Geral do Esporte, revogando e substituindo diferentes leis esportivas, como por exemplo a referida Lei Pelé.

### *4.1.2 Características específicas da organização em forma de SAF*

Alguns outros pontos relevantes sobre especificidades da SAF também merecem a devida abordagem.

A Sociedade Anônima do Futebol pode ceder a exploração de direitos de propriedade intelectual de sua titularidade, cedidos pelo clube original e de terceiros, desde que relacionados ao futebol.

Por sua vez, pode a SAF ter como objeto social a exploração de ativos econômicos sobre os quais detenha direitos, outras atividades conexas ao futebol e ao patrimônio da SAF e a participação em outra sociedade em território nacional, desde que o objeto social esteja previsto na mesma Lei.

Exige-se a definição do objeto social para estabelecer limites quanto à atuação de determinada sociedade e permitir que os administradores e controladores que os extrapolarem sejam responsabilizados. Assim, sendo a SAF um subtipo de sociedade anônima, seus possíveis objetos sociais estão previstos na Lei da SAF, mas devem sempre estar acompanhados da prática do futebol, feminino e masculino, em competição profissional, como atividade principal.

Importante, ainda, a compreensão de que o Clube Original não necessariamente se tornará uma sociedade empresária, podendo se manter como uma associação acionista da SAF. Assim, é possível a coexistência do Clube Original e da SAF como pessoas jurídicas distintas, cada uma responsável pelos seus atos e negócios jurídicos celebrados.

## 4.2 Da constituição da SAF

São as possíveis formas de constituir uma SAF: (i) transformando o clube ou pessoa jurídica original em SAF; (ii) cindindo o departamento de futebol; (iii) pela iniciativa de pessoa natural ou jurídica ou de fundo de investimento; e (iv) transferência de patrimônio relacionado à prática do futebol.

Vale ressaltar, no entanto, que tais formas de constituição são apenas algumas das possibilidades existentes, visto que, como subtipo de uma sociedade anônima, a SAF pode ser constituída de diversas outras formas que não confrontem sua natureza.

Entretanto, faz-se necessária uma apresentação das principais formas de constituição de uma SAF.

### 4.2.1 Da transformação do clube ou pessoa jurídica original em SAF

Preliminarmente, destaca-se, por mero rigor técnico, que a "transformação" se refere à alteração do tipo societário entre dois agentes de mesma natureza. Por exemplo, uma sociedade limitada que se transforme em sociedade anônima. De modo que, ao tratar da mudança uma associação para uma sociedade empresária, o termo mais adequado será a "conversão". Ou seja, o clube-associação pode se converter numa SAF e um "clube-empresa" pode se transformar em SAF.

Sobre esta segunda possibilidade, pode-se destacar o caso do Cuiabá Esporte Clube que, constituído originalmente como sociedade empresária, efetivou sua transformação em SAF[42].

Como previsto no artigo nº 1.113 do Código Civil, a transformação não requer a dissolução ou liquidação da sociedade. Do mesmo modo, a conversão não implicará na extinção do clube-associação, que apenas terá sua natureza jurídica alterada. Isso é importante para compreender-se que a transformação e a conversão não prejudicarão os direitos dos credores.

Quando da conversão do clube-associação, os associados, por meio de assembleia geral, vão deliberar e votar pela aprovação. Sendo aprovado, a

42 Disponível em < http://cuiabaesporteclube.com.br/cuiaba-e-o-primeiro-clube--da-serie-a-a-se-transformar-em-saf/1 >. Acesso em 02/09/2022.

natureza jurídica do clube será modificada e os associados passarão a ser acionistas da SAF.

Ademais, a Instrução Normativa nº 81 de 10 de junho de 2020 do DREI, em seu artigo nº 84, trata dos procedimentos a serem adotados para operacionalizar a conversão de uma associação em sociedade empresária.[43]

Nesse cenário, quando o clube não se dedicar apenas à prática do futebol, outra entidade será necessária para manutenção das demais atividades, pois, como já visto, a SAF é exclusiva do futebol. Por esse motivo, associada à tradição dos principais clubes brasileiros de serem clubes poliesportivos, é possível que poucos, ou nenhum, dos clubes de maiores torcidas do país optem por esse caminho.

Por sua vez, para transformação de um "clube-empresa" em SAF, exige-se a decisão por unanimidade dos sócios para aprovação, exceto se o contrato social ou estatuto – de acordo com o tipo societário – determinar diferente e, nesses casos, o sócio que discordar poderá se retirar do quadro, nos termos do artigo nº 1.114 do Código Civil.

### *4.2.2 Da cisão do departamento de futebol e Transferência do patrimônio relacionado à prática do futebol pelo clube*

Na segunda hipótese apresentada pelo rol exemplificativo da Lei da SAF, tem-se a possibilidade de cisão do departamento de futebol.

Em termos técnicos, a cisão representa outra operação societária prevista tanto no Código Civil quanto na LSA. A cisão pode ser total, quando o patrimônio da sociedade se divide, dando origem a duas novas sociedades e extinguindo a de origem, ou parcial, quando o patrimônio da sociedade de origem é cindido, dando origem a uma nova sociedade, mas mantendo a sociedade original, agora com o patrimônio reduzido.[44]

43 Disponível em < https://www.in.gov.br/en/web/dou/-/instrucao-normativa-n--81-de-10-de-junho-de-2020-261499054 >. Acesso em 02/09/2022.

44 LSA - Art. 229. A cisão é a operação pela qual a companhia transfere parcelas do seu patrimônio para uma ou mais sociedades, constituídas para esse fim ou já existentes, extinguindo-se a companhia cindida, se houver versão de todo o seu patrimônio, ou dividindo-se o seu capital, se parcial a versão.

A Lei de S/A, em seu artigo nº 233, determina, ainda, que em caso de cisão total, as companhias originadas responderão solidariamente pelas obrigações da sociedade extinta, enquanto na hipótese de uma cisão parcial, a companhia originária e a originada também terão responsabilidade solidária pelas obrigações anteriores à cisão.

No entanto, da análise a intenção do Legislador foi de utilizar o termo "cisão" com um caráter mais abstrato, visto que não se trata de efetivo conceito jurídico.

### 4.2.3 Mediante iniciativa de pessoal natural ou jurídica ou fundo de investimento

Através dessa possibilidade, pessoa natural ou jurídica, assim como fundo de investimento, pode constituir SAF. Contudo, de forma distinta do que ocorre para constituição de uma SA, não é necessária a junção de duas ou mais pessoas para sua efetivação. Isso ocorre em observância da possibilidade de um Clube Original optar pela alteração para SAF sem a necessidade de composição em eventual base acionária.

### 4.2.4 Dropdown de Ativos

O chamado *Dropdown* de ativos representa uma operação societária não prevista na legislação pátria. Todavia, tal omissão legislativa não impede sua utilização em âmbito nacional.

Nessa operação, o clube, ao constituir a SAF, destina os ativos relacionados ao futebol profissional à SAF e, em seu lugar, passa a deter as ações dessa companhia. Ou seja, diferentemente da cisão, não há uma perda patrimonial, mas apenas uma "troca" de ativos. Ou seja, o clube transfere os ativos futebolísticos e recebe ações da SAF.

## 4.3 Normas de Estímulo à Boa Governança

Inicialmente, cabe destacar o conceito utilizado pelo Instituto Brasileiro de Governança Corporativa para definir o termo "governança corporativa":

> O sistema pelo qual as empresas e demais organizações são dirigidas, monitoradas e incentivadas, envolvendo os relacionamentos entre sócios, conselho de administração, diretoria, órgãos de fiscalização e controle e demais partes interessadas. As boas práticas de governança corporativa convertem princípios básicos em recomendações objetivas, alinhando interesses com a finalidade de preservar e otimizar o valor econômico de longo prazo da organização, facilitando seu acesso a recursos e contribuindo para a qualidade da gestão da organização, sua longevidade e o bem comum.[45]

A partir dessa percepção, é possível compreender melhor a necessidade dos comandos contidos nos dispositivos da Lei da SAF que tratam deste tema.

Um importante ponto é a vedação imposta pela Lei de que um acionista controlador[46], ou seja, o responsável por conduzir os negócios e a atividade empresarial, tenha participação – direta ou indireta – em outra SAF.

No mesmo sentido, outro obstáculo imposto no intuito de evitar um conflito de interesses se relaciona ao acionista não controlador que detiver 10% ou mais do capital votante ou total da SAF. Nesse caso, não lhe será possível votar ou terá voz nas assembleias gerais das demais SAFs, bem como não poderá integrar a administração, mesmo que indiretamente.

---

45 Disponível em https://www.ibgc.org.br/conhecimento. Acessado em 30/08/2022.

46 Art. 116. Entende-se por acionista controlador a pessoa, natural ou jurídica, ou o grupo de pessoas vinculadas por acordo de voto, ou sob controle comum, que: a) é titular de direitos de sócio que lhe assegurem, de modo permanente, a maioria dos votos nas deliberações da assembleia-geral e o poder de eleger a maioria dos administradores da companhia; e b) usa efetivamente seu poder para dirigir as atividades sociais e orientar o funcionamento dos órgãos da companhia. Parágrafo único. O acionista controlador deve usar o poder com o fim de fazer a companhia realizar o seu objeto e cumprir sua função social, e tem deveres e responsabilidades para com os demais acionistas da empresa, os que nela trabalham e para com a comunidade em que atua, cujos direitos e interesses deve lealmente respeitar e atender.

Na prática, tal questão já havia sido abordada no art. 27-A da Lei Pelé[47], que determina que a pessoa – física ou jurídica – com participação em outra sociedade empresária participante de mesma competição profissional somente poderá participar em outra, caso as ações das quais é proprietária não garantam direito a voto e desde que não participe da administração.

Sobre conflito de interesse, vale mencionar o parágrafo 1° do artigo n° 27-A da Lei da SAF, que veda a participação de duas ou mais entidades de prática desportiva numa mesma competição, nos casos transcritos abaixo:

> § 1° É vedado que duas ou mais entidades de prática desportiva disputem a mesma competição profissional das primeiras séries ou divisões das diversas modalidades desportivas quando:
>
> a) uma mesma pessoa física ou jurídica, direta ou indiretamente, através de relação contratual, explore, controle ou administre direitos que integrem seus patrimônios; ou,
>
> b) uma mesma pessoa física ou jurídica, direta ou indiretamente, seja detentora de parcela do capital com direito a voto ou, de qualquer forma, participe da administração de mais de uma sociedade ou associação que explore, controle ou administre direitos que integrem os seus patrimônios.

Conforme tratado, tendo em vista a consolidação do conceito de *Multi-Club Ownership* no país, em especial após a entrada em vigor da Lei da SAF, tal questão se torna relevante no cenário do futebol contemporâneo.

### 4.3.1 Dos órgãos existentes na SAF

A Lei da SAF determina a existência e funcionamento permanente do Conselho de Administração e do Conselho Fiscal. As obrigações de ambos são as mesmas previstas na LSA, sendo, portanto, competência do

---

47 Art. 27-A. Lei n. 6.615/98. Nenhuma pessoa física ou jurídica que, direta ou indiretamente, seja detentora de parcela do capital com direito a voto ou, de qualquer forma, participe da administração de qualquer entidade de prática desportiva poderá ter participação simultânea no capital social ou na gestão de outra entidade de prática desportiva disputante da mesma competição profissional.

conselho de administração: (i) fixar a orientação geral dos negócios da companhia; (ii) eleger e destituir os diretores da companhia e fixar-lhes as atribuições, observado o que a respeito dispuser o estatuto; (iii) fiscalizar a gestão dos diretores, examinar, a qualquer tempo, os livros e papéis da companhia, solicitar informações sobre contratos celebrados ou em via de celebração, e quaisquer outros atos; (iv) convocar a assembleia-geral quando julgar conveniente, ou no caso do artigo 132; (v) manifestar-se sobre o relatório da administração e as contas da diretoria; (vi) manifestar-se previamente sobre atos ou contratos, quando o estatuto assim o exigir; (vii) deliberar, quando autorizado pelo estatuto, sobre a emissão de ações ou de bônus de subscrição; (viii) autorizar, se o estatuto não dispuser em contrário, a alienação de bens do ativo não circulante, a constituição de ônus reais e a prestação de garantias a obrigações de terceiros; (ix) escolher e destituir os auditores independentes, se houver.[48]

Por sua vez, ao conselho fiscal compete: (i) fiscalizar, por qualquer de seus membros, os atos dos administradores e verificar o cumprimento dos seus deveres legais e estatutários; (ii) opinar sobre o relatório anual da administração, fazendo constar do seu parecer as informações complementares que julgar necessárias ou úteis à deliberação da assembleia-geral; (iii) opinar sobre as propostas dos órgãos da administração, a serem submetidas à assembleia-geral, relativas à modificação do capital social, emissão de debêntures ou bônus de subscrição, planos de investimento ou orçamentos de capital, distribuição de dividendos, transformação, incorporação, fusão ou cisão; (iv) denunciar, por qualquer de seus membros, aos órgãos de administração e, se estes não tomarem as providências necessárias para a proteção dos interesses da companhia, à assembleia-geral, os erros, fraudes ou crimes que descobrirem, e sugerir providências úteis à companhia; (v) convocar a assembleia-geral ordinária, se os órgãos da administração retardarem por mais de um mês essa convocação, e a extraordinária, sempre que ocorrerem motivos graves ou urgentes, incluindo na agenda das assembleias as matérias que considerarem necessárias; (vi) analisar, ao menos trimestralmente, o balancete e demais demonstrações financeiras elaboradas periodicamente pela companhia; (vii) examinar as demonstrações financeiras do exercício social e sobre elas opinar; (viii) exercer essas

48 Art. 142. Lei da SA.

atribuições, durante a liquidação, tendo em vista as disposições especiais que a regulam.[49]

Ainda, a SAF deve contar com uma diretoria composta por dois ou mais diretores, também nos termos da LSA (art. 143).

Nos termos da LSA (art. 140), o estatuto da SAF deve indicar (i) o número de conselheiros, ou o máximo e mínimo permitidos, e o processo de escolha e substituição do presidente do conselho pela assembleia ou pelo próprio conselho; (ii) o modo de substituição dos conselheiros; e (iii) o prazo de gestão, que não poderá ser superior a 3 (três) anos, permitida a reeleição.

A legislação aponta diversas proibições para integrar o conselho de administração, conselho fiscal ou diretoria da SAF, que devem ser compreendidos em conjunto com os já previstos na LSA, são estes: (i) membro de qualquer órgão de administração, deliberação ou fiscalização, bem como de órgão executivo, de outra Sociedade Anônima do Futebol; (ii) membro de qualquer órgão de administração, deliberação ou fiscalização, bem como de órgão executivo, de clube ou pessoa jurídica original, salvo daquele que deu origem ou constituiu a Sociedade Anônima do Futebol; (iii) membro de órgão de administração, deliberação ou fiscalização, bem como de órgão executivo, de entidade de administração; (iv) atleta profissional de futebol com contrato de trabalho desportivo vigente; (v) treinador de futebol em atividade com contrato celebrado com clube, pessoa jurídica original ou Sociedade Anônima do Futebol; e (vi) árbitro de futebol em atividade.[50]

Importante pontuar que, apesar de não constar entre as proibições acima, o membro do conselho de administração que for associado e integrar qualquer órgão, eletivo ou não, de administração, deliberação ou fiscalização do clube ou pessoa jurídica original enquanto esse for acionista da respectiva Sociedade Anônima do Futebol não poderá receber qualquer remuneração. Assim, apenas serão remunerados associados sem função específica ou membros externos.

Em relação ao conselho fiscal, além da obrigatoriedade e permanência, esse deve ter no mínimo três e no máximo cinco conselheiros com função indelegável e, seguindo também as normas da LSA, apenas pode-

---

49 Art. 163. Lei da SA.

50 Art. 5º, § 1º. Lei da SAF.

rão ser eleitos para o conselho fiscal pessoas naturais, residentes no País, diplomadas em curso de nível universitário, ou que tenham exercido por prazo mínimo de três anos, cargo de administrador de empresa ou de conselheiro fiscal (art. 162).

### *4.3.2 Das demais normas referentes à Governança*

Para além dos pontos já expostos ao tratar de governança corporativa, a Lei da SAF indicou pontos essenciais para garantir a transparência e o funcionamento dessa estrutura.

Exige-se, a partir da leitura do texto legal, a identificação do controlador final do acionista, quando pessoa jurídica, que tenha 5% (cinco por cento) ou mais do capital social da SAF. Em outras palavras, é necessário informar o acionista pessoa titular da sociedade com maior influência naquela Sociedade Anônima do Futebol.

Vale ainda pontuar que essa obrigação é imediata e o não cumprimento resultará na suspensão dos direitos políticos e retenção dos dividendos, dos juros sobre o capital próprio ou de outra forma de remuneração declarados, até que seja cumprido.

Ainda para facilitar o desenvolvimento do novo mercado econômico, determina-se que a SAF com receita bruta anual de até R$ 78.000.000,00 (setenta e oito milhões de reais) terá possibilidade de decidir como realizará as publicações, sendo autorizado fazê-la eletronicamente, sendo obrigado manter tais documentos pelo prazo de dez anos.

Necessário, por fim, pontuar que é responsabilidade dos administradores manter a publicidade dos documentos, pelo prazo de 10 (dez) anos, garantindo a atualização mensal do (i) o estatuto social e as atas das assembleias gerais – com todas as alterações e reformas sendo públicas na íntegra; (ii) a composição e a biografia dos membros do conselho de administração, do conselho fiscal e da diretoria; e (iii) o relatório da administração sobre os negócios sociais, incluído o Programa de Desenvolvimento Educacional e Social, e os principais fatos administrativos.

## 4.4 Das Obrigações da SAF e do Clube Original

As obrigações da Sociedade Anônima do Futebol foi um dos temas mais debatidos durante a edição da Lei nº 14.193/2021, em especial ao discutir-se obrigações anteriores e posteriores à constituição da SAF.

Nos termos da legislação, a SAF não responde pelas obrigações do clube que a constituiu, sejam essas anteriores ou posteriores. No entanto, há exceções.

No que concerne às obrigações posteriores, não há o que se falar sobre uma responsabilização da SAF, visto que, evidentemente, as obrigações posteriores devem ser assumidas exclusivamente por quem as contraiu.

Em relação às obrigações anteriores à constituição da SAF, a discussão se torna mais extensa. Em primeiro plano, é necessário que toda e qualquer obrigação que não tenha conexão com o objeto social da SAF não poderá estar na responsabilidade dessa, independente de transferência voluntária por cisão ou *dropdown* ou quando ocorrer imputação judicial por pedido de credor.

Conforme exposto pela legislação, as obrigações anteriores destinadas a SAF devem ser relacionadas ao objeto social, ou seja, independentemente de serem referentes a objeto social indicado em lei, é necessário que integre o objeto social da SAF que supostamente assumirá tais obrigações.

Vale ressaltar que a transferência das dívidas independe da aceitação dos credores e que obriga a SAF a responder com todo seu patrimônio.

Quando da não transferência dessas obrigações anteriores para a SAF, o clube devedor será responsável e deverá destinar parte dos recursos pagos pela SAF para esse cumprimento. Nesses casos, a SAF não deverá ser obrigada a pagar diretamente aos credores, sendo responsável apenas pela transferência de receitas, seja de receitas ou de dividendos.

Nos casos em que o devedor (clube) opte por satisfazer suas obrigações pelo concurso de credores – Regime Centralizado de Execuções –, será destinado pela SAF 20% das receitas correntes mensais auferidas pela SAF, sendo totalmente proibido que o clube se aproprie desse valor – ou de parte dele – para outros fins.

Por outro lado, o pagamento também pode ocorrer, obrigatoriamente, a partir da destinação de 50% dos dividendos, dos juros sobre o capital próprio ou de outra remuneração recebida na condição de acionista. Essa determinação é norma de ordem pública e irrenunciável.

## 4.5 Das Responsabilidades dos Gestores

No que diz respeito à responsabilidade dos gestores, de modo geral, o Legislador estabeleceu, no artigo 11 da Lei da SAF[51], a responsabilização a respeito da destinação dos valores previstos no artigo 10 da Lei.

Assim sendo, tem-se que os administradores da SAF responderão de modo pessoal e solidário por qualquer violação atinente aos envios regulares das verbas oriundas do artigo 10.

Recapitulando o exposto no tópico anterior, a SAF deverá repassar ao Clube Original o equivalente a 20% de suas receitas correntes mensais para o pagamento das dívidas reestruturadas através do Regime Centralizado de Execuções (doravante RCE). Caso esse repasse não seja efetuado, o administrador da SAF deverá ser responsabilizado de forma pessoal e solidariamente. Ou seja, seu patrimônio poderá ser atingido para compensar os danos causados pelo desvio indevido.

Ademais, no momento em que o Clube Original receber da SAF a distribuição de dividendos, juros sobre o capital próprio ou de outra remuneração, deve destinar 50% deste montante para o pagamento de dívidas anteriores à constituição da SAF. Não se pode esquecer que o Clube Original, como acionista da SAF, tem direito a receber dividendos e outras remunerações advindas das operações da sociedade. Desse montante, 50% terão a supracitada destinação. Caso ele seja uma associação, a outra parte não poderá ser distribuída aos seus membros, podendo ser

---

51 Art. 11. Sem prejuízo das disposições relativas à responsabilidade dos dirigentes previstas no art. 18-B da Lei nº 9.615, de 24 de março de 1998, os administradores da Sociedade Anônima do Futebol respondem pessoal e solidariamente pelas obrigações relativas aos repasses financeiros definidos no art. 10 desta Lei, assim como respondem, pessoal e solidariamente, o presidente do clube ou os sócios administradores da pessoa jurídica original pelo pagamento aos credores dos valores que forem transferidos pela Sociedade Anônima do Futebol, conforme estabelecido nesta Lei.

usada para sanar mais dívidas e/ou investir nas operações da associação, como, por exemplo, investir em equipes de outras modalidades esportivas.

Ou seja, tanto o valor oriundo dos repasses mensais quanto o montante recebido pelo clube a título de remunerações em geral devem ser destinados exclusivamente ao adimplemento das obrigações constituídas em datas anteriores à data da constituição da SAF. A diferença é que a Lei determina que a hipótese prevista no inciso I – repasse mensal de 20% das receitas correntes – ocorra em conjunto com a existência de um RCE, respeitando as formas e condições de pagamentos estabelecidos no plano de credores.

Caso os valores repassados não sejam devidamente direcionados ao pagamento das dívidas supracitadas, o presidente do clube (associação) ou os sócios-administradores da pessoa jurídica original (doravante PJ Original) que deu origem à SAF terão responsabilidade pessoal e solidária.

Destaca-se ainda, que apesar de o Legislador, em relação à PJ Original, ter destinado a responsabilização apenas aos seus sócios-administradores, e em relação ao Clube Original, apenas ao seu presidente, o administrador não sócio e os diretores do clube não estarão totalmente isentos de responsabilidade.

Isso porque a Lei reforça a possibilidade de o dirigente[52] ser responsabilizado nos termos do artigo 18-B da Lei Pelé[53], o qual remete ao artigo 50 do Código Civil[54], que trata das situações de desconsideração da personalidade jurídica quando houver abuso da personalidade jurídica por desvio de finalidade ou confusão patrimonial, o que também inclui os diretores e administradores não sócios.

52 A Lei Pelé, no § 1º do artigo 18-B, define dirigente como sendo "aquele que exerce, de fato ou de direito, poder de decisão na gestão da entidade, incluindo seus administradores.".

53 Art. 18-B. Os dirigentes das entidades do Sistema Nacional do Desporto, independentemente da forma jurídica adotada, têm seus bens particulares sujeitos ao disposto no art. 50 da Lei nº 10.406, de 10 de janeiro de 2002 (Código Civil).

54 Art. 50. Em caso de abuso da personalidade jurídica, caracterizado pelo desvio de finalidade ou pela confusão patrimonial, pode o juiz, a requerimento da parte, ou do Ministério Público quando lhe couber intervir no processo, desconsiderá-la para que os efeitos de certas e determinadas relações de obrigações sejam estendidos aos bens particulares de administradores ou de sócios da pessoa jurídica beneficiados direta ou indiretamente pelo abuso.

Além disso, na hipótese de prejuízos gerados à SAF em razão de condutas dos seus administradores, estes podem ser responsabilizados, nos termos do artigo 158 da LSA, quando atuarem com violação de algum dispositivo legal ou estatutário, ou, ainda que tenham agido em conformidades com as normas vigentes, sua atuação tenha sido culposa ou dolosa[55].

Para além das hipóteses mencionadas, a Lei Pelé prevê outras possibilidades de responsabilização dos dirigentes, como, por exemplo, em caso de prática de atos ilícitos, atos de gestão irregulares, temerários, ou contrários ao estabelecido no contrato social ou estatuto[56]. O dispositivo legal relaciona um rol exemplificativo de situações nas quais serão configuradas a prática de atos por parte dos administradores que ensejem sua responsabilização, como, por exemplo, a obtenção de vantagem pessoal indevida em prejuízo do clube[57].

---

55 Art. 158. O administrador não é pessoalmente responsável pelas obrigações que contrair em nome da sociedade e em virtude de ato regular de gestão; responde, porém, civilmente, pelos prejuízos que causar, quando proceder:
I - dentro de suas atribuições ou poderes, com culpa ou dolo;
II - com violação da lei ou do estatuto.

56 § 2º Os dirigentes de entidades desportivas respondem solidária e ilimitadamente pelos atos ilícitos praticados e pelos atos de gestão irregular ou temerária ou contrários ao previsto no contrato social ou estatuto

57 Art. 18-C. Consideram-se atos de gestão irregular ou temerária praticados pelo dirigente aqueles que revelem desvio de finalidade na direção da entidade ou que gerem risco excessivo e irresponsável para seu patrimônio, tais como:
I – aplicar créditos ou bens sociais em proveito próprio ou de terceiros;
II – obter, para si ou para outrem, vantagem a que não faz jus e de que resulte ou possa resultar prejuízo para a entidade desportiva;
III – celebrar contrato com empresa da qual o dirigente, seu cônjuge ou companheiro, ou parente, em linha reta, colateral ou por afinidade, até o terceiro grau, sejam sócios ou administradores, exceto no caso de contratos de patrocínio ou doação em benefício da entidade desportiva;
IV – receber qualquer pagamento, doação ou outra forma de repasse de recursos oriundos de terceiros que, no prazo de até 1 (um) ano, antes ou depois do repasse, tenham celebrado contrato com a entidade desportiva profissional;
V – antecipar ou comprometer receitas em desconformidade com o previsto em lei;
VI – não divulgar de forma transparente informações de gestão aos associados;
VII – deixar de prestar contas de recursos públicos recebidos.
(...)

Outro caso gerador de responsabilização pessoal e solidária dos gestores, previsto pela Lei Pelé, é quando o dirigente tiver conhecimento de alguma violação aos deveres previstos no estatuto ou contrato social perpetrados por seu antecessor ou por administrador competente e não efetuar a comunicação ao órgão competente[58].

Ainda sobre o tema, é necessário examinar os deveres fundamentais dos administradores de uma sociedade anônima. De certo, um administrador se depara com as mais diversas situações, que demandam que ele exerça diariamente tomadas de decisões de diferentes graus de complexidade. Por isso, seria inviável que o Legislador definisse todos os casos nos quais o administrador poderia ser responsabilizado. Assim sendo, além dos exemplos listados nos dispositivos referidos, a LSA também apresenta alguns deveres que o administrador deve respeitar, os quais serão interpretados de acordo com cada caso concreto.

O administrador deve ser diligente[59], ou seja, deve atuar de forma proativa na gestão da sociedade, buscando informações a respeito do seu dia-dia, de suas operações de modo a estar sempre vigilante e poder efetuar qualquer ajuste que seja necessário para retificar alguma conduta ou situação. Ou seja, desse dever, decorre a obrigação de intervir sempre que se deparar com uma situação prejudicial à sociedade.

---

§ 2º Para os fins do disposto no inciso IV do caput deste artigo, também será considerado ato de gestão irregular ou temerária o recebimento de qualquer pagamento, doação ou outra forma de repasse de recursos por:

I – cônjuge ou companheiro do dirigente;

II – parente do dirigente, em linha reta, colateral ou por afinidade, até o terceiro grau; e

III – empresa ou sociedade civil da qual o dirigente, seu cônjuge ou companheiro, ou parente, em linha reta, colateral ou por afinidade, até o terceiro grau, sejam sócios ou administradores.

58 Art. 18-B, § 3º O dirigente será responsabilizado solidariamente quando tiver conhecimento do não cumprimento dos deveres estatutários ou contratuais por seu antecessor ou pelo administrador competente e não comunicar o fato ao

59 Dever de Diligência

Art. 153. O administrador da companhia deve empregar, no exercício de suas funções, o cuidado e diligência que todo homem ativo e probo costuma empregar na administração dos seus próprios negócios.

Ademais, ele deve respeitar o dever de lealdade[60], não podendo, por exemplo, atuar em benefício próprio ou de terceiros em detrimento da sociedade. Ainda, deve evitar se aproveitar das oportunidades societárias que tenha acesso em razão de sua função de administrador, e exercer concorrência à sociedade, desviando sua clientela. Também não deverá omitir-se diante de uma situação que tenha de intervir, devendo manter sigilo sobre segredos comerciais e evitar situações de conflito de interesses[61], além do

60 Dever de Lealdade
Art. 155. O administrador deve servir com lealdade à companhia e manter reserva sobre os seus negócios, sendo-lhe vedado:
I - usar, em benefício próprio ou de outrem, com ou sem prejuízo para a companhia, as oportunidades comerciais de que tenha conhecimento em razão do exercício de seu cargo;
II - omitir-se no exercício ou proteção de direitos da companhia ou, visando à obtenção de vantagens, para si ou para outrem, deixar de aproveitar oportunidades de negócio de interesse da companhia;
III - adquirir, para revender com lucro, bem ou direito que sabe necessário à companhia, ou que esta tencione adquirir.
§ 1º Cumpre, ademais, ao administrador de companhia aberta, guardar sigilo sobre qualquer informação que ainda não tenha sido divulgada para conhecimento do mercado, obtida em razão do cargo e capaz de influir de modo ponderável na cotação de valores mobiliários, sendo-lhe vedado valer-se da informação para obter, para si ou para outrem, vantagem mediante compra ou venda de valores mobiliários.
§ 2º O administrador deve zelar para que a violação do disposto no § 1º não possa ocorrer através de subordinados ou terceiros de sua confiança.
§ 3º A pessoa prejudicada em compra e venda de valores mobiliários, contratada com infração do disposto nos §§ 1° e 2°, tem direito de haver do infrator indenização por perdas e danos, a menos que ao contratar já conhecesse a informação.
§ 4º É vedada a utilização de informação relevante ainda não divulgada, por qualquer pessoa que a ela tenha tido acesso, com a finalidade de auferir vantagem, para si ou para outrem, no mercado de valores mobiliários.

61 Conflito de Interesses
Art. 156. É vedado ao administrador intervir em qualquer operação social em que tiver interesse conflitante com o da companhia, bem como na deliberação que a respeito tomarem os demais administradores, cumprindo-lhe cientificá-los do seu impedimento e fazer consignar, em ata de reunião do conselho de administração ou da diretoria, a natureza e extensão do seu interesse.
§ 1º Ainda que observado o disposto neste artigo, o administrador somente pode contratar com a companhia em condições razoáveis ou equitativas, idênticas às que prevalecem no mercado ou em que a companhia contrataria com terceiros.
§ 2º O negócio contratado com infração do disposto no § 1º é anulável, e o administrador interessado será obrigado a transferir para a companhia as vantagens que dele tiver auferido.

dever de prestar informações[62] em casos de companhias abertas, e de atuar dentro dos limites legais, estatutários e impostos por demais acordos parassociais e deliberações sociais[63].

---

62 Dever de Informar
Art. 157. O administrador de companhia aberta deve declarar, ao firmar o termo de posse, o número de ações, bônus de subscrição, opções de compra de ações e debêntures conversíveis em ações, de emissão da companhia e de sociedades controladas ou do mesmo grupo, de que seja titular.
§ 1º O administrador de companhia aberta é obrigado a revelar à assembleia-geral ordinária, a pedido de acionistas que representem 5% (cinco por cento) ou mais do capital social:
a) o número dos valores mobiliários de emissão da companhia ou de sociedades controladas, ou do mesmo grupo, que tiver adquirido ou alienado, diretamente ou através de outras pessoas, no exercício anterior;
b) as opções de compra de ações que tiver contratado ou exercido no exercício anterior;
c) os benefícios ou vantagens, indiretas ou complementares, que tenha recebido ou esteja recebendo da companhia e de sociedades coligadas, controladas ou do mesmo grupo;
d) as condições dos contratos de trabalho que tenham sido firmados pela companhia com os diretores e empregados de alto nível;
e) quaisquer atos ou fatos relevantes nas atividades da companhia.
§ 2º Os esclarecimentos prestados pelo administrador poderão, a pedido de qualquer acionista, ser reduzidos a escrito, autenticados pela mesa da assembleia, e fornecidos por cópia aos solicitantes.
§ 3º A revelação dos atos ou fatos de que trata este artigo só poderá ser utilizada no legítimo interesse da companhia ou do acionista, respondendo os solicitantes pelos abusos que praticarem.
§ 4º Os administradores da companhia aberta são obrigados a comunicar imediatamente à bolsa de valores e a divulgar pela imprensa qualquer deliberação da assembleia-geral ou dos órgãos de administração da companhia, ou fato relevante ocorrido nos seus negócios, que possa influir, de modo ponderável, na decisão dos investidores do mercado de vender ou comprar valores mobiliários emitidos pela companhia.
§ 5º Os administradores poderão recusar-se a prestar a informação (§ 1º, alínea e), ou deixar de divulgá-la (§ 4º), se entenderem que sua revelação porá em risco interesse legítimo da companhia, cabendo à Comissão de Valores Mobiliários, a pedido dos administradores, de qualquer acionista, ou por iniciativa própria, decidir sobre a prestação de informação e responsabilizar os administradores, se for o caso.
§ 6º Os administradores da companhia aberta deverão informar imediatamente, nos termos e na forma determinados pela Comissão de Valores Mobiliários, a esta e às bolsas de valores ou entidades do mercado de balcão organizado nas quais os valores mobiliários de emissão da companhia estejam admitidos à negociação, as modificações em suas posições acionárias na companhia.

63 Finalidade das Atribuições e Desvio de Poder

Para as hipóteses expressas em lei, não há grande dificuldade em determinar se houve uma conduta do administrador que seja merecedora de intervenção judicial para impor a reparação dos danos causados à sociedade.

Nesses casos não existe uma discricionariedade empresarial ao administrador: ele deve seguir fielmente a letra da lei. Por exemplo, se o administrador divulgar uma informação sigilosa de forma indevida que gere prejuízos à SAF, ele deverá ser responsabilizado.

Para ilustrar, um gestor que, a despeito da cláusula de confidencialidade expressa em contrato, divulgue os valores de um acordo de patrocínio da SAF com determinada marca, gerando a responsabilidade por parte da sociedade em pagar uma indenização à marca, deverá ser responsabilizado de forma pessoal e solidária à SAF.

Todavia, para outras situações não previstas legalmente de modo expresso e com maior grau de subjetividade, será mais árduo apontar se a conduta do administrador esteja sujeita à sindicância judicial. Assim sendo, é necessário entender o conceito do *Business Judgment Rule.*

---

Art. 154. O administrador deve exercer as atribuições que a lei e o estatuto lhe conferem para lograr os fins e no interesse da companhia, satisfeitas as exigências do bem público e da função social da empresa.

§ 1º O administrador eleito por grupo ou classe de acionistas tem, para com a companhia, os mesmos deveres que os demais, não podendo, ainda que para defesa do interesse dos que o elegeram, faltar a esses deveres.

§ 2º É vedado ao administrador:

a) praticar ato de liberalidade à custa da companhia;

b) sem prévia autorização da assembleia-geral ou do conselho de administração, tomar por empréstimo recursos ou bens da companhia, ou usar, em proveito próprio, de sociedade em que tenha interesse, ou de terceiros, os seus bens, serviços ou crédito;

c) receber de terceiros, sem autorização estatutária ou da assembleia-geral, qualquer modalidade de vantagem pessoal, direta ou indireta, em razão do exercício de seu cargo.

§ 3º As importâncias recebidas com infração ao disposto na alínea c do § 2º pertencerão à companhia.

§ 4º O conselho de administração ou a diretoria podem autorizar a prática de atos gratuitos razoáveis em benefício dos empregados ou da comunidade de que participe a empresa, tendo em vista suas responsabilidades sociais.

### 4.5.1 *Business Judgment Rule*

Para que uma sociedade empresária possa atingir sua finalidade lucrativa, os sócios esperam que seus administradores adotem condutas e decisões mercadológicas mais arrojadas. Afinal, uma administração demasiadamente defensiva dificilmente obterá o grau de lucratividade esperada pelos sócios de uma sociedade.

Todavia, tal postura gera maiores riscos à empresa, inerentes à atividade econômica e à tentativa de maximização dos lucros. Por isso, o gestor tem a difícil tarefa de mensurar o grau de risco que a sociedade pode suportar, através de análises que devem ser muito bem fundamentadas, sabendo que ainda assim é possível que não se obtenha os resultados perseguidos.

No mercado do futebol, tal avaliação é ainda mais complexa. Afinal, uma SAF, para além de sua finalidade lucrativa, típica das sociedades empresárias, também tem uma finalidade esportiva. Ou seja, além da obtenção e distribuição de lucros, a SAF deve obter resultados esportivos, que podem representar vitórias de jogos e competições, sucesso em revelar jovens atletas, dentre outros.

Uma SAF criada por algum tradicional clube brasileiro terá o compromisso de investir em elencos razoavelmente fortes para disputar as principais competições. Já na hipótese de uma SAF por investidores com o intuito de revelar novos atletas para futuras transferências, a sociedade, ainda que não tenha o objetivo de disputar grandes torneios, envidará esforços para vencer competições, vez que "aprender" a competir e a vencer são pontos cruciais na formação de um atleta. Dessa forma, independente de qual seja o principal objetivo da SAF, parte significativa das verbas obtidas deverá ser investida na construção da equipe, na contratação de bons profissionais para o *staff* técnico, logístico e gerencial e em boas dependências físicas.

Na atividade econômica do futebol, uma política de reduzir os custos ao máximo para maximizar os lucros pode ser uma péssima escolha, com consequências extremamente prejudiciais a longo prazo, inclusive no que concerne a geração de lucros.

Isso influenciará de modo determinante nas decisões dos seus administradores, que terão a complexa missão de entenderem quando deverão priorizar o aspecto financeiro e o esportivo.

Afinal, é extremamente difícil saber o momento ideal de realizar a transferência de um jovem talento de suas categorias de base, ou então se é melhor investir em um treinador de renome com alto salário (e consequentemente maior multa rescisória) ou, por sua vez, em outro treinador em início de carreira.

Assim, observa-se que o administrador de uma SAF se vê diante de diversas situações nas quais tem de tomar decisões que podem ocasionar grandes benefícios ou prejuízos à empresa.

Como toda atividade econômica, o futebol apresenta seus riscos inerentes e é praticamente impossível saber de antemão quando uma decisão de gestão é acertada ou não. Por isso, é fundamental que a discricionariedade empresarial de um administrador seja protegida.

Caso o gestor esteja sujeito a responsabilização por todo e qualquer ato que gere prejuízo à sociedade, surgirão dois problemas: poucos profissionais se sujeitaram a exercer tal função, e os que o fizerem, adotaram uma gestão extremamente cautelosa.

Diante a questão apresentada, surge, no séc. XIX, a partir de precedentes de tribunais norte-americanos, uma doutrina chamada *"Business Judgment Rule"* (doravante BJR).

Em breve síntese, a BJR indica que o administrador de uma sociedade só poderá ser responsabilizado pelos prejuízos causados à sociedade, aos sócios ou a terceiros interessados, quando sua conduta danosa tiver sido tomada sem respeito aos deveres de cuidado que todo administrador criterioso deve respeitar.

Desse modo, há uma limitação na interferência judicial sobre o mérito das decisões de um administrador. Há casos nos quais o gestor pode estar diante de diferentes decisões razoáveis e que tenha de optar por apenas uma, em detrimento das demais. Não seria razoável que a ele fosse imposta uma responsabilização caso a decisão tomada gerasse prejuízo à sociedade, por exemplo.

Com essa proteção, o administrador tem mais segurança para atuar em prol da sociedade, com certa discricionariedade para avaliar quais decisões deve tomar durante o exercício de suas funções, visando o interesse da sociedade.

Com o tempo, a doutrina do BJR se espraiou por outros países.

No Brasil, pode ser identificada no parágrafo 6º, do artigo 159 da LSA[64] lei que apresenta o regramento das sociedades por ações.

Para que o administrador possa ser isento de responsabilidade pelas consequências danosas de sua decisão, a lei determina que ele tenha tomado sua decisão com base na boa-fé e visando o interesse da companhia.

Impende destacar o dispositivo da Lei Pelé que isenta o dirigente que provar ter agido sem culpa grave ou dolo, ou que tenha agido de boa-fé diante da necessidade de evitar prejuízo maior à entidade[65].

Dessa forma, constata-se que o administrador deve ter a liberdade de atuar de acordo com a dinâmica empresarial, com certa discricionariedade, de modo a ter a possibilidade de atingir maiores resultados à SAF, tanto do ponto de vista de sua finalidade lucrativa, quanto de sua finalidade esportiva.

---

64 Artigo 159, § 6º O juiz poderá reconhecer a exclusão da responsabilidade do administrador, se convencido de que este agiu de boa-fé e visando ao interesse da companhia.

65 Artigo 18-C § 1º Em qualquer hipótese, o dirigente não será responsabilizado quando:
I – não tiver agido com culpa grave ou dolo; ou
II – comprovar que agiu de boa-fé e que as medidas realizadas visavam a evitar prejuízo maior à entidade.

CAPÍTULO 5

# MODO DE QUITAÇÃO DAS OBRIGAÇÕES E REESTRUTURAÇÃO DAS DÍVIDAS

Um dos principais pilares da Lei da SAF para tornar a adesão ao modelo empresarial mais atraente aos clubes trata a respeito da reestruturação das dívidas dessas entidades.

Com o advento da Lei, os clubes terão como alternativa ao pagamento direto aos seus credores, a adesão ao Regime Centralizado de Execuções.

Além disso, a Lei busca conferir maior segurança jurídica àqueles clubes constituídos como associação para pleitearem o acesso à recuperação judicial (doravante RJ) ou extrajudicial (doravante REj).[66]

Destaca-se a intenção da Lei em não ser apenas mais uma ajuda estatal aos clubes, mas auxiliá-los em sua reconstrução e evolução, bem como garantir maior segurança aos seus credores.

## *5.1 Regime Centralizado de Execuções*

Em apertada síntese, o RCE é uma forma de concurso de credores na qual as execuções e dívidas trabalhistas e cíveis, referentes a dívidas ante-

---

66 Art. 13. O clube ou pessoa jurídica original poderá efetuar o pagamento das obrigações diretamente aos seus credores, ou a seu exclusivo critério:
I - pelo concurso de credores, por intermédio do Regime Centralizado de Execuções previsto nesta Lei; ou
II - por meio de recuperação judicial ou extrajudicial, nos termos da Lei nº 11.101, de 9 de fevereiro de 2005.

riores à constituição da SAF, são concentradas num Juízo Centralizador (doravante JC) trabalhista e cível, respectivamente[67].

O concurso de credores não é uma novidade no ordenamento jurídico brasileiro, já sendo previsto no Código de Processo Civil[68]. Porém, ao especificar tal concurso ao futebol, a Lei inova ao prever a suspensão de qualquer forma de constrição do patrimônio do Clube Original, enquanto este se mantiver adimplente em relação aos pagamentos previstos no regime.[69]

Como informado, as dívidas e execuções trabalhistas serão concentradas num JC trabalhista, enquanto as cíveis, num JC cível, o que pode gerar certa complexidade, pois o mesmo clube poderá ter de cumprir dois regimes com regras diferentes.

O Clube Original deverá apresentar seu requerimento aos Presidentes do Tribunal Regional do Trabalho (doravante TRT) e do TJ[70], de acordo com a natureza das dívidas, que terão a competência para conceder ou não o regime ao requerente.

Em caso positivo, o Clube Original terá o prazo de 60 dias para apresentar um plano de credores, o qual deverá conter no mínimo as seguintes informações: (i) seu balanço patrimonial; (ii) suas demonstrações contábeis referentes aos últimos três exercícios sociais; (iii) suas obrigações consolidadas em execução, bem como a estimativa auditada de suas dívi-

---

67 Art. 14. O clube ou pessoa jurídica original que optar pela alternativa do inciso I do *caput* do art. 13 desta Lei submeter-se-á ao concurso de credores por meio do Regime Centralizado de Execuções, que consistirá em concentrar no juízo centralizador as execuções, as suas receitas e os valores arrecadados na forma do art. 10 desta Lei, bem como a distribuição desses valores aos credores em concurso e de forma ordenada.

68 Art. 908. Havendo pluralidade de credores ou exequentes, o dinheiro lhes será distribuído e entregue consoante a ordem das respectivas preferências.

69 Art. 23. Enquanto o clube ou pessoa jurídica original cumprir os pagamentos previstos nesta Seção, é vedada qualquer forma de constrição ao patrimônio ou às receitas, por penhora ou ordem de bloqueio de valores de qualquer natureza ou espécie sobre as suas receitas.

70 Art. 14 § 2º O requerimento deverá ser apresentado pelo clube ou pessoa jurídica original e será concedido pelo Presidente do Tribunal Regional do Trabalho, quanto às dívidas trabalhistas, e pelo Presidente do Tribunal de Justiça, quanto às dívidas de natureza civil, observados os requisitos de apresentação do plano de credores, conforme disposto no art. 16 desta Lei.

das ainda em fase de conhecimento; (iv) seu fluxo de caixa e sua projeção de três anos; e (v) o termo de compromisso de controle orçamentário.

Além disso, este plano deverá conter a ordem dos credores, com seus respectivos créditos atualizados, cabendo ao clube informar ao Juízo sempre que realizar seus pagamentos. A relação de credores, bem como os supra referidos itens iii, iv e v devem ser publicizados no sítio eletrônico do requerente[71], o que demandará a devida diligência e controle por parte do Clube Original. A Lei não trata a respeito da hipótese de o requerente deixar de incluir na relação dos credores, algum crédito ou execução, assim como não dispõe sobre o caso de descumprimento do plano por parte do Clube Original.

Cumpre reforçar, como já anteriormente informado, que quem decidirá sobre o plano apresentado será o juiz e não os credores, diferente do caso de uma recuperação judicial, como será abordado em momento oportuno.

Destaca-se, ainda, que, ainda que não previsto na Lei, diante da grande complexidade de um plano é possível que o juiz determine a contratação de profissionais auxiliares para realizar a análise do material apresentado, como, por exemplo, um administrador judicial. Esta foi a iniciativa do Tribunal de Justiça do Estado do Rio de Janeiro em relação ao RCE requerido pelo Fluminense Football Club, em decisão de mar-

71 Art. 16. Ao clube ou pessoa jurídica original que requerer a centralização das suas execuções será concedido o prazo de até 60 (sessenta) dias para apresentação do seu plano de credores, que deverá conter obrigatoriamente os seguintes documentos:
I - o balanço patrimonial;
II - as demonstrações contábeis relativas aos 3 (três) últimos exercícios sociais;
III - as obrigações consolidadas em execução e a estimativa auditada das suas dívidas ainda em fase de conhecimento;
IV - o fluxo de caixa e a sua projeção de 3 (três) anos; e
V - o termo de compromisso de controle orçamentário.
Parágrafo único. Os clubes e as pessoas jurídicas originais deverão fornecer ao juízo centralizador e publicar em sítio eletrônico próprio as seguintes informações:
I - os documentos exigidos nos incisos III, IV e V do *caput* deste artigo;
II - a ordem da fila de credores com seus respectivos valores individualizados e atualizados; e
III - os pagamentos efetuados no período.

ço de 2022, que definiu, inclusive, a remuneração de 4% sobre o valor do passivo do clube.[72]

Os pagamentos seguirão uma ordem estabelecida pela Lei, na qual alguns credores terão prioridade sobre outros. Assim, tem-se que os idosos serão os primeiros da fila, seguidos por pessoas com doenças graves. Em terceiro lugar, os detentores de créditos de natureza salarial inferiores a sessenta salários-mínimos. Em quarto e quinto, respectivamente, vítimas de acidentes de trabalho e os créditos resultantes de acordo com previsão de deságio de pelo menos 30% da dívida original. No caso de concorrência entre créditos, os mais antigos terão preferência.[73]

Além da supramencionada "fila" de credores, a Lei da SAF também garante prioridade aos créditos de natureza trabalhista, em seu artigo 18[74]. Não resta muito claro sobre qual seria a melhor maneira de compatibilizar a prioridade dos credores trabalhistas com a dos credores cíveis. De certo, é provável que se aplique a regra do parágrafo único do artigo 17, que determina a preferência de créditos mais antigos frente aos mais recentes, em casos de concorrência de créditos.

Ou seja, no caso de existência de um RCE cível e outro trabalhista, não fica evidente sobre quem teria prioridade entre um credor trabalhis-

---

72 Processo 0297086-47.2021.8.19.0001 – 3ª Vara Empresarial da Comarca da Capital do Estado do Rio de Janeiro.

73 Art. 17. No Regime Centralizado de Execuções, consideram-se credores preferenciais, para ordenação do pagamento:
I - idosos, nos termos da Lei nº 10.741, de 1º de outubro de 2003 (Estatuto do Idoso);
II - pessoas com doenças graves;
III - pessoas cujos créditos de natureza salarial sejam inferiores a 60 (sessenta) salários-mínimos;
IV - gestantes;
V - pessoas vítimas de acidente de trabalho oriundo da relação de trabalho com o clube ou pessoa jurídica original;
VI - credores com os quais haja acordo que preveja redução da dívida original em pelo menos 30% (trinta por cento).
Parágrafo único. Na hipótese de concorrência entre os créditos, os processos mais antigos terão preferência.

74 Art. 18. O pagamento das obrigações previstas no art. 10 desta Lei privilegiará os créditos trabalhistas, e cumprirá ao plano de pagamento dos credores, apresentado pelo clube ou pessoa jurídica original, definir a sua destinação.

ta e um idoso, por exemplo, sendo necessária uma interlocução entre os JC's trabalhista e cível.

Ainda, a partir de acordos realizados entre devedor e credores e aprovado pelo JC, os valores destinados para cada RCE – cível e trabalhista – podem ser divididos entre preferências, acordos e credores gerais. Essa organização busca dar celeridade ao cumprimento das obrigações e evitar que credores fiquem aguardando seus créditos por um período ainda maior.

Pode-se deduzir que regulamentos deverão ser elaborados pelos Tribunais de Justiça, nos casos referentes às dívidas cíveis, e pelos Tribunais Regionais do Trabalho, no tocante às execuções de natureza trabalhista, restando ao Superior Tribunal de Justiça e ao Tribunal Superior do Trabalho agir nos casos omissos.

Isso porque a Lei destina ao Poder Judiciário a competência de regulamentar tal matéria, de modo que em caso de omissão, tal função recaia sobre o "Tribunal Superior respectivo (...)"[75].

Isto significa que, além da provável existência de dois tribunais distintos regulando os RCE's de um mesmo clube, ainda será possível que cada Estado tenha seus próprios regulamentos.

Deve-se destacar, ainda, que na hipótese de não existir este órgão centralizador dentro do Poder Judiciário, deverá ser considerado aquele Juízo que primeiro tiver determinado o pagamento de uma dívida[76].

No que concerne aos pagamentos, estes serão realizados a partir de receitas oriundas da SAF, conforme indica o artigo 10 da Lei. Essas verbas devem ser direcionadas aos JC's, porém não resta claro quais serão os critérios de divisão entre os Juízos trabalhista e cível.

Para solucionar tal questão, até que maiores especificidades sejam determinadas, os clubes devedores estão disponibilizando valores distintos para o RCE cível e para o trabalhista, ou seja, dos 20% repassados pela

---

75 Art. 15. O Poder Judiciário disciplinará o Regime Centralizado de Execuções, por meio de ato próprio dos seus tribunais, e conferirá o prazo de 6 (seis) anos para pagamento dos credores.
§ 1º Na ausência da regulamentação prevista no *caput* deste artigo, competirá ao Tribunal Superior respectivo suprir a omissão.

76 Art. 14, § 1º Na hipótese de inexistência de órgão de centralização de execuções no âmbito do Judiciário, o juízo centralizador será aquele que tiver ordenado o pagamento da dívida em primeiro lugar.

SAF, entre 70% e 80% são repassados ao RCE trabalhista e o restante ao RCE cível. A partir desses valores, cada RCE respeita a listagem de preferência indicadas por lei ou pelo acordo entre credores e devedor.

O prazo de pagamento das dívidas pertinentes ao plano do RCE é de seis anos, extensíveis por mais quatro, caso o requerente comprove o adimplemento de ao menos 60% do passivo listado. Neste caso, será admissível a realização de redução do percentual previsto no artigo 10 da Lei da SAF, para que perfaça o total de 15%.[77]

Após este prazo, a SAF passará a responder de forma subsidiária pelas dívidas, ou seja, no caso de incumprimento do clube que lhe fundou ou da PJ original, nos limites do art. 9º da Lei da SAF.[78]

Salienta-se o intuito do Legislador de privilegiar a autonomia da vontade das partes, permitindo que negociem o plano de forma coletiva[79] e que o credor trabalhista celebre acordo de redução do seu crédito.[80]

Todavia, a Lei não define qual o quórum mínimo de aprovação do plano. Caso o entendimento seja pela unanimidade, ter-se-á, na prática, uma ineficácia de tal dispositivo, uma vez que é de extrema dificuldade obter aprovação de 100% dos credores numa negociação coletiva.

Por outro lado, caso prevaleça o entendimento de adotar, por analogia, os quóruns previstos na LRF, as eventuais negociações poderão ser mais eficazes, uma vez que todos os credores são vinculados ao plano aprovado, ainda que dissidentes, conforme será abordado mais adiante.

---

77 Art. 15, § 2º Se o clube ou pessoa jurídica original comprovar a adimplência de ao menos 60% (sessenta por cento) do seu passivo original ao final do prazo previsto no *caput* deste artigo, será permitida a prorrogação do Regime Centralizado de Execuções por mais 4 (quatro) anos, período em que o percentual a que se refere o inciso I do *caput* do art. 10 desta Lei poderá, a pedido do interessado, ser reduzido pelo juízo centralizador das execuções a 15% (quinze por cento) das suas receitas correntes mensais.

78 Art. 24. Superado o prazo estabelecido no art. 15 desta Lei, a Sociedade Anônima do Futebol responderá, nos limites estabelecidos no art. 9º desta Lei, subsidiariamente, pelo pagamento das obrigações civis e trabalhistas anteriores à sua constituição, salvo o disposto no art. 19 desta Lei.

79 Art. 19. É facultado às partes, por meio de negociação coletiva, estabelecer o plano de pagamento de forma diversa.

80 Art. 21. Ao credor de dívida trabalhista e ao credor de dívida cível, de qualquer valor, é facultado anuir, a seu critério exclusivo, a deságio sobre o valor do débito.

A Lei ainda prevê a possibilidade de redução do crédito de natureza trabalhista a partir de um acordo entre as partes que seja apresentado ao Juízo Centralizador.

Apesar do previsto na letra da Lei, é importante que esta seja interpretada de acordo com a doutrina e jurisprudência trabalhistas existentes, sob pena de realizar-se um acordo nos termos da lei, mas que, na prática, não seja efetivado.

Todavia, há de se salientar a previsão do artigo 444 da Consolidação das Leis do Trabalho (CLT), que apresenta o conceito de credor hiper suficiente, casos em que a lei permite maior flexibilidade de negociação entre as partes.

Tal questão polêmica já foi objeto de análise judicial durante o processo de recuperação judicial do tradicional jornal esportivo carioca "Lance!". Em acórdão referente a um Agravo de Instrumento interposto pela Recuperanda, no Tribunal de Justiça do Rio de Janeiro (doravante TJRJ), prevaleceu o entendimento de que o Juízo recuperacional não goza de competência para decidir a respeito de deságios em valores de créditos trabalhistas, de modo que os créditos devem ser pagos de acordo com os valores liquidados pela Justiça Trabalhista.[81]

---

81 Agravo de Instrumento. Recuperação Judicial. Decisão que homologou o plano recuperacional, após aprovação parcial da Assembleia-Geral de Credores, com fundamento no § 1º do art. 58 da Lei nº 11.101/05, aplicando o instituto denominado de *"Cram Down"*. O julgador está autorizado a realizar o controle de legalidade do plano de recuperação judicial, sem adentrar no aspecto da sua viabilidade econômica, a qual constitui mérito da soberana vontade da assembleia geral de credores. O quórum obtido na votação do Plano de Recuperação Judicial atendeu ao previsto no § 1º do art. 58, aprovado por ampla maioria dos credores presentes. Instituto do *Cram Down* que deve prestigiar a preservação da empresa e a vontade da maioria em detrimento dos credores dissidentes. Restou observado o limite específico do art. 54 da Lei nº 11.101/05, que estabelece o prazo de até 1 ano para pagamento dos créditos derivados da legislação do trabalho, pois a carência de 60 dias e pagamento em 10 parcelas mensais e sucessivas atende ao prazo de 1 (um) ano estabelecido em lei. O valor do passivo trabalhista não pode ser alterado, pois escapa à competência do juízo recuperacional, devendo ser pago em conformidade com o valor apurado pela Justiça do Trabalho. O art. 50, VIII, da Lei nº 11.101/2005 dispõe que constituem meios de recuperação judicial, observada a legislação pertinente a cada caso, dentre outros, a redução salarial, compensação de horários e redução da jornada, mediante acordo ou convenção coletiva, não havendo demonstração de participação do sindicato

Após novo recurso do Jornal, dessa vez ao STJ, em caráter liminar, o Ministro Ricardo Villas Bôas Cueva suspendeu, em decisão monocrática, a supracitada decisão da 2ª instância do TJRJ, entendendo não haver impedimento para que o Juízo recuperacional homologue um plano de recuperação judicial que contenha deságios em créditos trabalhistas, ainda que sem a anuência do Sindicato dos Trabalhadores, indicando, entretanto, que tal questão deveria ser mais bem analisada na apreciação do recurso.[82]

Nessa esteira, impende apontar o RESP nº 1.649.774/SP, de relatoria do Ministro Marco Aurélio Bellizze, também a respeito de um processo de recuperação judicial, determinou que o recorrente, credor de quantia devida a título de honorários advocatícios, em razão da natureza alimentar de seu crédito, também se sujeitasse ao deságio definido aos credores no plano de recuperação judicial.[83]

---

dos trabalhadores. Por tais razões, impõe-se declarar a nulidade do deságio dos créditos derivados da legislação de trabalho, tal qual previsto na cláusula 6.2 do plano aprovado.
RECURSO PARCIALMENTE PROVIDO.
(0006461-22.2019.8.19.0000 - AGRAVO DE INSTRUMENTO. Des(a). MARIA LUIZA DE FREITAS CARVALHO - Julgamento: 22/05/2019 - VIGÉSIMA SÉTIMA CÂMARA CÍVEL)

82 PEDIDO DE TUTELA PROVISÓRIA Nº 2.778 – RJ (2020/0139805-2). (...) Nesse contexto, presentes os requisitos autorizadores da concessão da medida urgente, que devem estar conjugados, mostra-se necessário o deferimento do pedido. Ante o exposto, defiro o pedido para suspender os efeitos do acórdão proferido pelo Tribunal de Justiça do Estado do Rio de Janeiro no julgamento do AI nº 0006461-22.2019.8.19.0000 até ulterior deliberação. Oficie-se ao Tribunal de origem com urgência com cópia da presente decisão. Publique-se. Intimem-se. Brasília, 23 de junho de 2020. Ministro RICARDO VILLAS BÔAS CUEVA Relator (TP n. 2.778, Ministro Ricardo Villas Bôas Cueva, DJe de 24/06/2020.)

83 RECURSOS ESPECIAIS. RECUPERAÇÃO JUDICIAL. DISCUSSÃO QUANTO À LEGALIDADE DE CLÁUSULA CONSTANTE DO PLANO DE RECUPERAÇÃO JUDICIAL APROVADO QUE ESTABELECE LIMITE DE VALOR PARA O TRATAMENTO PREFERENCIAL DO CRÉDITO TRABALHISTA, INSERIDO NESTE O RESULTANTE DE HONORÁRIOS ADVOCATÍCIOS, DESDE QUE DE TITULARIDADE DE ADVOGADO PESSOA FÍSICA. 1. CONTROLE JUDICIAL DE LEGALIDADE DO PLANO DE RECUPERAÇÃO JUDICIAL APROVADO PELA ASSEMBLEIA GERAL DE CREDORES. POSSIBILIDADE, EM TESE. 2. CRÉDITO DECORRENTE DE HONORÁRIOS ADVOCATÍCIOS. NATUREZA ALIMENTAR, A ENSEJAR TRATAMENTO

Outrossim, a Lei da SAF também permite que o credor trabalhista opte por ceder seu crédito a terceiros[84], possibilidade já prevista em precedentes do Tribunal Superior do Trabalho (doravante TST)[85].

A controvérsia se dá, basicamente, pois a CLT não trata desse assunto. Por isso, os defensores da legalidade da cessão de crédito trabalhista entendem que se deve aplicar o artigo 286 do Código Civil, que permite a cessão de crédito por parte do credor, caso isso "não se opuser a natureza da obrigação, a lei, ou a convenção com o devedor (...)."[86]

---

PREFERENCIAL EQUIPARADO AO CRÉDITO TRABALHISTA. TESE FIRMADA EM REPETITIVO. COMPREENSÃO QUE NÃO SE ALTERA EM VIRTUDE DE A DISCUSSÃO SE DAR NO BOJO DE RECUPERAÇÃO JUDICIAL; DE O TITULAR SER SOCIEDADE DE ADVOGADOS; OU DE SE TRATAR DE EXPRESSIVO VALOR. 3. ESTABELECIMENTO DE PATAMARES MÁXIMOS PARA QUE OS CRÉDITOS TRABALHISTAS E EQUIPARADOS TENHAM UM TRATAMENTO PREFERENCIAL, CONVERTENDO-SE, O QUE SOBEJAR DESSE LIMITE QUANTITATIVO, EM CRÉDITO QUIROGRAFÁRIO. LICITUDE DO PROCEDER. 4. RECURSOS ESPECIAIS IMPROVIDOS.
(...)
3.5 Justamente para evitar que os poucos credores trabalhistas, titulares de expressivos créditos, imponham seus interesses em detrimento dos demais, a lei de regência, atenta às particularidades dessa classe, determina que "a proposta deverá ser aprovada pela maioria simples dos credores presentes, independentemente do valor de seu crédito" (§ 2º do art. 45 da LRF).
3.6 Se assim é, a sociedade de advogados recorrente, que pretende ser reconhecida, por equiparação, como credora trabalhista, há, naturalmente, de se submeter às decisões da respectiva classe.
Afigurar-se-ia de todo descabido, aliás, concebê-la como credora trabalhista equiparada, com os privilégios legais daí advindos, e afastar-lhe o limite quantitativo imposto aos demais trabalhadores, integrantes dessa classe de credores.
4. Recursos especiais improvidos.
(REsp n. 1.649.774/SP, relator Ministro Marco Aurélio Bellizze, Terceira Turma, julgado em 12/2/2019, DJe de 15/2/2019.)

84 Art. 22. Ao credor de dívida trabalhista, como titular do crédito, a seu exclusivo critério, é facultada a cessão do crédito a terceiro, que ficará sub-rogado em todos os direitos e em todas as obrigações do credor e ocupará a mesma posição do titular do crédito original na fila de credores, devendo ser dada ciência ao clube ou pessoa jurídica original, bem como ao juízo centralizador da dívida para que promova a anotação.

85 Processo AIRR-33747-06.1986.5.18.0001

86 Art. 286. O credor pode ceder o seu crédito, se a isso não se opuser a natureza da obrigação, a lei, ou a convenção com o devedor; a cláusula proibitiva da cessão não poderá ser oposta ao cessionário de boa-fé, se não constar do instrumento da obrigação.

Uma forma de satisfação do crédito é a concessão ao credor, por meio do estatuto da SAF, do direito de optar por converter sua dívida em participação societária na própria SAF[87], sem que seja necessária a anuência do devedor. Nesse caso, a SAF se sub-rogaria no direito de receber o pagamento do Clube Original.

A partir de uma interpretação literal da lei, é possível concluir que as únicas condições para que tal conversão se realize são a previsão estatutária e a vontade do credor, sem a necessidade de posterior aprovação em assembleia de credores. Todavia, como aponta José Francisco Manssur e Carlos Eduardo Ambiel, devem ser respeitados os requisitos impostos pela LSA, com a devida aprovação assemblear.[88]

Contudo, também existe a possibilidade de que se realize uma dação em pagamento, prevista no artigo 356 do Código Civil[89], na qual o clube realizaria o adimplemento de sua obrigação com ações da SAF, em vez da prestação pecuniária.

Cabe relembrar que as ações de Classe A são de exclusividade do Clube Original. Dessa forma, no caso da conversão ou dação, tais ações perderiam os seus direitos especiais previstos pela Lei da SAF.

Em seu artigo 18, a Lei determina que os créditos objetos da centralização num Juízo devem ser atualizados a partir da taxa Selic (Sistema Especial de Liquidação e de Custódia).[90] Porém, a lei não indica a data ou evento limite dessa atualização, o que por si só gera certa insegurança jurídica, uma vez que cada estado da Federação poderá definir regramentos próprios para o RCE. Surge o risco da adoção de critérios diferentes

---

87 Art. 20. Ao credor, titular do crédito, é facultada a conversão, no todo ou em parte, da dívida do clube ou pessoa jurídica original em ações da Sociedade Anônima do Futebol ou em títulos por ela emitidos, desde que previsto em seu estatuto.

88 CASTRO, Rodrigo R. Monteiro (coord.) "Comentários à Lei da Sociedade Anônima do Futebol": Lei 14.193/2021. São Paulo: Quartier Latin do Brasil, 2021. p. 218.

89 Art. 356. O credor pode consentir em receber prestação diversa da que lhe é devida.

90 Art. 18, Parágrafo único. A partir da centralização das execuções, as dívidas de natureza cível e trabalhista serão corrigidas somente pela taxa referencial do Sistema Especial de Liquidação e de Custódia (Selic), ou outra taxa de mercado que vier a substitui-la.

para a correção monetária das dívidas de acordo com os regulamentos de cada Tribunal competente.

Nesse caso, é possível que seja adotada, por analogia à LRF para os casos de recuperação judicial[91], como marco temporal final para atualização do crédito, a data do requerimento de centralização das execuções.

Outro entendimento possível é de que tal atualização se dê até a data da apresentação do plano de credores[92] (que tem de ser efetivada até no máximo 60 dias após o pedido).

### *5.1.1 SAF como pressuposto*

Um dos principais debates envolvendo o RCE trata da possibilidade de um clube que não tenha constituído uma SAF se beneficiar do regime.

De antemão, cabe apontar que antes de uma definição pelos Tribunais Superiores, precedentes judiciais concederam o acesso de clubes-associações que não tenham uma SAF constituída ao regime.[93]

Dentre os argumentos favoráveis à aplicação do RCE aos clubes, ainda que não tenham constituído uma SAF, pode-se destacar o entendimento de que tal posicionamento se dá a partir de uma interpretação sistemática da Lei.[94] Além disso, defendem que impedir tais clubes de usufruírem

---

91 Art. 9º. A habilitação de crédito realizada pelo credor nos termos do art. 7º, § 1º, desta Lei deverá conter:
(...);
II – o valor do crédito, atualizado até a data da decretação da falência ou do pedido de recuperação judicial, sua origem e classificação;
(...).

92 CASTRO, Rodrigo R. Monteiro (coord.) "Comentários à Lei da Sociedade Anônima do Futebol": Lei 14.193/2021. São Paulo: Quartier Latin do Brasil, 2021. p. 194.

93 Processo 0297086-47.2021.8.19.0001 – 3ª Vara Empresarial da Comarca da Capital do Estado do Rio de Janeiro (Fluminense); Processo 0004012-82.2022.8.26.0100 - 1ª Vara de Falências e Recuperações Judiciais da Comarca da Capital do Estado de São Paulo (Portuguesa/SP); e Processo 0018529-92.2022.8.26.0100 - 1ª Vara de Falências e Recuperações Judiciais da Comarca da Capital do Estado de São Paulo (Corinthians).

94 Dentre eles, o Dr. Maurício Corrêa da Veiga. Disponível em https://leiemcampo.com.br/regime-centralizado-de-execucoes-e-devido-para-todos-os-clubes/. Acesso em 11 de julho de 2022.

deste regime seria uma afronta ao princípio do tratamento igualitário entre os times.[95]

Em contraposição, os fundamentos divergentes também são expressivos. Em primeiro plano, a simples compreensão da estrutura da Lei já demonstra a aplicabilidade do RCE apenas para clubes que constituíram SAF, tendo em vista que a subseção que trata do RCE está localizada no capítulo destinado à SAF, como é possível observar na sequência:

CAPÍTULO I
DA SOCIEDADE ANÔNIMA DO FUTEBOL

SEÇÃO V
DO MODO DE QUITAÇÃO DAS OBRIGAÇÕES

SUBSEÇÃO I
DO REGIME CENTRALIZADO DE EXECUÇÕES

Ainda, o argumento favorável que supõe ofensa ao princípio igualitário se mostra fragilizado, visto que os regimes de recuperação judicial (RJ), plano especial de pagamento trabalhista (doravante PEPT) e regime especial de execução forçada (doravante REEF) – todos anteriores a Lei da SAF – ainda cabem para clubes que não adotarem a Sociedade Anônima do Futebol.

Em consonância com a vertente que apenas reconhece o cabimento do RCE quando da existência de SAF, o Tribunal Regional do Trabalho, através do Provimento da Corregedoria-Geral da Justiça do Trabalho nº 01, de 19 de agosto de 2022, reconhecendo a necessidade de uniformizar a aplicação dos Procedimentos de Reunião de Execuções (doravante PRE), resolveu dispor do funcionamento dos PRE no âmbito trabalhista, inclusive do RCE.

95 CASTRO, Rodrigo R. Monteiro (coord.) "Comentários à Lei da Sociedade Anônima do Futebol": Lei 14.193/2021. São Paulo: Quartier Latin do Brasil, 2021. p. 174.

Assim, a partir desse novo entendimento, apenas entidades de prática desportiva que tenham dado origem à constituição de SAF podem se valer do Regime Centralizado de Execuções.[96]

Contudo, tal provimento apenas é cabível em âmbito trabalhista, o que possibilita que clubes que não constituíram SAF ainda se valham do RCE na justiça cível até que nova disposição altere o devido entendimento, o que não ocorreu no tempo de edição dessa obra.

## *5.2 Recuperação Judicial e Extrajudicial*

A Lei da SAF inova ao assegurar a legitimidade ativa de um clube de futebol, constituído como uma associação, para requerer a recuperação

96 Art. 153. O RCE disciplinado pela Lei nº 14.193/2021 destina-se única e exclusivamente às entidades de prática desportiva definidas nos incisos I e II do § 1º do art. 1º e que tenham dado origem à constituição de Sociedade Anônima de Futebol na forma do art. 2º, II, da referida lei.
§ 1º A Sociedade Anônima do Futebol que tenha interesse na elaboração e execução de plano para pagamento do passivo trabalhista observará a disciplina de procedimento de reunião de execuções prevista para os demais devedores (PEPT), sendo vedada a utilização das regras previstas nesta Subseção, independentemente de os clubes ou pessoas jurídicas originárias serem beneficiados, ou não, pelo regime de RCE.
§ 2º Quando se tratar de entidade de prática desportiva constituída nos termos do art. 2º, II, da Lei nº 14.193/2021, para efeitos de PRE, deverá ser apresentado o fluxo de caixa e a sua previsão por 3 anos, bem como indicadas as receitas ordinárias e extraordinárias, incluindo todas as formas de ganho de capital.
§ 3º O plano de concurso de credores do clube ou pessoa jurídica original, mencionados no caput deste artigo e que tenham optado pelo RCE do art. 13, I, da Lei nº 14.193/2021, deverá apresentar, como condição para aprovação, pagamentos mensais, nos termos dos arts. 10, I, e 15, § 2º, da citada lei, sem prejuízo de outras rendas próprias.
§ 4º Nos termos da Lei nº 14.193/2021, não haverá responsabilidade jurídica da SAF em relação às obrigações do clube ou pessoa jurídica original que a tiver constituído, sejam elas anteriores ou posteriores à data da sua constituição, salvo quanto às atividades específicas do seu objeto social, respondendo pelas obrigações a ela transferidas na forma do § 2º do art. 2º da aludida lei, hipótese em que os pagamentos observarão o disposto nos arts. 10 e 24 da referida lei. Art. 153-A. O RCE é incompatível com o regime de Recuperação Judicial ou Extrajudicial, sendo que, constatado requerimento nesse sentido, anterior ou posterior ao RCE trabalhista, este último não será deferido ou será extinto perante o respectivo Tribunal Regional.

judicial ou extrajudicial.[97] Como será abordado adiante, ainda não é pacífico na Doutrina a possibilidade de aplicação da RJ em associações sem fins lucrativos.

Para que se possa entender melhor as implicações da recuperação judicial e extrajudicial nos clubes de futebol, deve-se compreender a importância da existência desses instrumentos para a economia de forma geral.

Uma atividade econômica é capaz de gerar diversos benefícios à sociedade, como, por exemplo, a geração de empregos, produção e circulação de bens, oferta de novos produtos e serviços, mais impostos sendo pagos, dentre outros. O futebol também não foge à regra. Segundo estudo da consultoria internacional *Ernst & Young Global Limited*, divulgado pela CBF[98], o futebol nacional movimentou, no ano de 2018, quase 53 bilhões de reais, gerando aproximadamente 156 mil vagas de trabalho. Já em estudo posterior, divulgado em maio de 2022[99], a consultora apontou uma receita de R$ 7,1 bilhões dos 25 principais clubes brasileiros.

Assim, quando uma grave crise econômico-financeira atinge algum agente econômico, há um sério risco de que os referidos benefícios cessem, alterando sensivelmente o bem-estar social da população.

Ressalta-se, ainda, que no caso do futebol, os riscos são ainda maiores, uma vez que para além dos efeitos econômicos, a modalidade exerce uma imensurável influência cultural e social na população, como nenhum outro setor da economia.

Por isso, é comum que os países criem mecanismos para resguardar tais benefícios, criando um sistema legal de insolvência, com ferramentas jurídicas de auxílio aos agentes que se encontram em grave crise, bem como instrumentos que facilitem e deem maior celeridade ao procedimento de liquidação dos ativos e pagamento dos credores, no caso de uma falência.

---

97 Art. 25. O clube, ao optar pela alternativa do inciso II do *caput* do art. 13 desta Lei, e por exercer atividade econômica, é admitido como parte legítima para requerer a recuperação judicial ou extrajudicial, submetendo-se à Lei nº 11.101, de 9 de fevereiro de 2005.

98 Disponível em <https://conteudo.cbf.com.br/cdn/201912/20191213172843_346.pdf>. Acesso em 10/07/2022.

99 Disponível em < https://assets.ey.com/content/dam/ey-sites/ey-com/pt_br/topics/media-and-entertainment/ey-levantamento-financeiro-dos-clubes-brasileiros-2021.pdf >. Acesso em 10/07/2022.

A Lei Federal nº 11.101/2005 (doravante LRF), norma que instituiu o sistema de insolvência no Brasil, prevê alguns mecanismos de auxílio no enfrentamento da crise como a recuperação judicial e extrajudicial.

Quando o agente econômico, cuja atividade ainda preserve determinado grau de viabilidade econômica, não consegue superar a severa crise econômico-financeira que enfrenta, com algumas das alternativas disponíveis no mercado financeiro, como, por exemplo, com a captação de novos investidores ou obtenção de empréstimo bancário; ou a partir de uma reorganização interna, com a redução de custos, dentre outras medidas, deve recorrer aos instrumentos da recuperação judicial ou extrajudicial.

Como destaca Daniel Carnio, essas estruturas mercadológicas "podem ser suficientes para que medidas empresariais sejam tomadas pelos administradores no sentido da superação de suas crises, desde que a atividade econômica seja viável".[100]

Quando os gestores não conseguem superar a crise por meio das opções de mercado, o Estado atua em seu auxílio, para que sua atividade continue gerando seus benefícios à sociedade.

O autor, em obra por ele organizada, conclui que o prejuízo causado à sociedade em geral e aos credores será maior com o fim de uma atividade que ainda tem viabilidade econômica, em comparação com o ônus suportado em razão da concessão de benefícios ao devedor[101]. Nesse sentido:

> O Estado-Juiz vai atuar para criar o ambiente adequado para que a empresa viável consiga superar a situação de crise, a fim de que a manutenção de sua atividade empresarial faça gerar todos os benefícios sociais e econômicos acima já referidos, como geração de empregos, circulação de bens e riquezas, recolhimento de tributos etc.

Na mesma linha, Ulhoa Coelho, corrobora com o entendimento, ao lecionar que "a crise da empresa pode ser fatal, gerando prejuízos não só

---

100 COSTA, Daniel Carnio. Reflexões sobre processos de insolvência: divisão equilibrada de ônus, superação do dualismo pendular e gestão democrática de processos. Cadernos Jurídicos, São Paulo, ano 16, nº 39, p. 59-77, Janeiro-Março/2015.

101 COSTA, Daniel Carnio (Org.). Comentários completos à lei de recuperação de empresas e falências. / Daniel Carnio Costa. v. 1 - Curitiba: Juruá, 2015.

para os empreendedores e investidores que empregaram capital no seu desenvolvimento, como para os credores e, em alguns casos, num encadear de sucessivas crises, também para outros agentes econômicos".[102]

Dessa forma, a LRF apresenta as ferramentas da recuperação judicial e extrajudicial como instrumentos de auxílio ao agente econômico para superar determinada crise, a fim de garantir a manutenção das suas operações e, consequentemente, dos seus benefícios gerados ao meio social.

Impende destacar a Lei Federal nº 14.112 de 2020, que trouxe interessantes alterações à LRF, como, por exemplo, a inclusão de novos mecanismos de auxílio no enfrentamento da crise e o regramento sobre conciliações e mediações antecedentes (ou incidentais) aos processos de recuperação judicial.

Em breve síntese, pode-se considerar a RJ como uma negociação coletiva entre o devedor e seus credores. Considerando o objetivo de resguardar a atividade econômica, o Legislador buscou promover um ambiente favorável à negociação. Dessa forma, a LRF dispõe de meios de promoção de um ambiente propício à celebração de um acordo entre as partes.

Dentre os benefícios que a LRF apresenta aos agentes em crise, destacam-se o (i) *Stay Period*; a (ii) deliberação por maioria; o (iii) voto abusivo; e o (iv) instituto do *"Cram Down"*.

O primeiro dá nome ao período no qual as ações e execuções em face do devedor sãos suspensas, impedindo, dessa forma, que os credores atinjam o patrimônio do clube durante sua vigência, tendo como propósito possibilitar que o agente possa envidar seus esforços na elaboração de um Plano de Recuperação Judicial (doravante PRJ), com as condições e formas que pretende adimplir suas obrigações, sem que tenha de se preocupar nas suas defesas em processos judiciais.

Com esta suspensão, o credor acaba por ser estimulado a negociar, como indica Marcelo Sacramone[103]

102 COELHO, Fabio Ulhoa. Comentários à Lei de Falências e Recuperação de Empresas / Fabio Ulhoa Coelho. – 13. ed. rev. e atual. – São Paulo: Thomson Reuters Brasil, 2018.

103 SACRAMONE, Marcelo Barbosa. Comentários à lei de recuperação de empresas e falência / Marcelo Barbosa Sacramone. – 2. ed. – São Paulo: Saraiva Educação, 2021.

> Referida suspensão é motivada pela tentativa da lei de criar, com a recuperação judicial, um ambiente institucional para a negociação entre credores e devedor. A suspensão das ações e execuções impede que credores individuais retirem bens imprescindíveis à reestruturação da atividade, o que assegura ao devedor a possibilidade de estabelecer no plano de recuperação meios para sanar a crise econômico-financeira pela qual passa. Outrossim, a suspensão das ações individuais incentiva os credores a ingressarem no procedimento concursal para negociar coletivamente com o devedor a melhor alternativa para a satisfação de seus créditos.

Como se sabe, um dos principais problemas dos clubes com grandes passivos são as constantes constrições ao seu patrimônio, oriundas de bloqueios e penhoras judiciais, que impedem a estabilidade necessária para o andamento de suas atividades e o cumprimento de outras obrigações vincendas.

O PRJ apresentado pelo devedor, por sua vez, será submetido ao crivo dos credores, que deliberarão para decidirem por sua aprovação ou reprovação.

Neste ponto, faz-se presente a citada deliberação por maioria. A LRF define um quórum mínimo de aprovação do PRJ, de modo que ainda que existam votos dissidentes ou credores que não tenham comparecido à votação, o PRJ pode ser aprovado.

Ou seja, um credor pode ser submetido ao plano ainda que não tenha votado favoravelmente ou que não tenha estado presente à assembleia na qual ocorreu a deliberação.

Assim, esse mecanismo funciona como mais um incentivo para que o credor participe das negociações com um intuito verdadeiro de chegar a um acordo.

O terceiro recurso citado, é a possibilidade de o Juiz desconsiderar um voto que seja classificado como abusivo, nas condições previstas pela LRF.[104]

104 LRF - Art. 39 § 6º O voto será exercido pelo credor no seu interesse e de acordo com o seu juízo de conveniência e poderá ser declarado nulo por abusividade somente quando manifestamente exercido para obter vantagem ilícita para si ou para outrem.

Por fim, destaca-se a possibilidade de ocorrência do fenômeno denominado *"Cram Down"*. Em determinados casos, dependendo de alguns critérios legais[105], mesmo que não se atinja o quórum mínimo de aprovação imposto pela lei, o magistrado pode deferir o processamento da recuperação judicial.

Com todos esses mecanismos, os credores são estimulados a negociar e buscar a melhor solução para todos, coletivamente, ainda que originalmente não estivessem dispostos para tal.

Para o clube, as vantagens de uma negociação coletiva com as ferramentas mencionadas são consideráveis em comparação às negociações individuais. Além da complexidade de lidar com as particularidades de cada credor individualmente, o desgaste de ter que tratar com cada um é muito maior. Além disso, neste cenário é comum que cada credor busque seu crédito de forma integral, sem se preocupar com a viabilidade da atividade ou não.

Ademais, seria possível que os credores com mais recursos tivessem mais condições de atingirem suas pretensões, a despeito dos demais credores, muitas vezes em condições de hipossuficiência.

Na RJ, o juiz nomeia um Administrador Judicial para auxiliá-lo na fiscalização do procedimento recuperacional. Na hipótese de uma recuperação extrajudicial, o Poder Judiciário é acionado, após a negociação entre o devedor e os credores, para homologar ou não o plano de recuperação extrajudicial.

---

105 LRF – Art. 58 § 1° O juiz poderá conceder a recuperação judicial com base em plano que não obteve aprovação na forma do art. 45 desta Lei, desde que, na mesma assembleia, tenha obtido, de forma cumulativa:

I – o voto favorável de credores que representem mais da metade do valor de todos os créditos presentes à assembleia, independentemente de classes;

II - a aprovação de 3 (três) das classes de credores ou, caso haja somente 3 (três) classes com credores votantes, a aprovação de pelo menos 2 (duas) das classes ou, caso haja somente 2 (duas) classes com credores votantes, a aprovação de pelo menos 1 (uma) delas, sempre nos termos do art. 45 desta Lei;

III – na classe que o houver rejeitado, o voto favorável de mais de 1/3 (um terço) dos credores, computados na forma dos §§ 1° e 2° do art. 45 desta Lei.

§ 2° A recuperação judicial somente poderá ser concedida com base no § 1° deste artigo se o plano não implicar tratamento diferenciado entre os credores da classe que o houver rejeitado.

Impende destacar que o pedido de homologação do plano de recuperação extrajudicial não gera automaticamente o benefício do *Stay*[106], podendo este ser obtido por meio de uma tutela cautelar em caráter antecedente.

### *5.2.1 Riscos da recuperação Judicial e Extrajudicial*

A despeito dos benefícios apresentados, a RJ também apresenta consideráveis riscos.

Em determinadas hipóteses, é possível que o juiz determine a convolação da recuperação judicial em falência[107] Ou seja, pode ser que o devedor tenha sua recuperação judicial "convertida" em falência.

Sobre a falência, impende sublinhar que o Legislador não adentrou ao tema da decretação da falência do clube ou da SAF, gerando uma considerável insegurança jurídica.

Outrossim, na hipótese de rejeição do PRJ pelos credores, a LRF permite que estes apresentem uma nova proposta de plano[108]. Destaca-se, ainda, que este plano alternativo pode ser proposto em caso da não ocorrência da assembleia de votação do PRJ proposto pelo devedor dentro do prazo previsto na LRF.

---

106 LRF - Art. 161. O devedor que preencher os requisitos do art. 48 desta Lei poderá propor e negociar com credores plano de recuperação extrajudicial.
(...)
§ 4º O pedido de homologação do plano de recuperação extrajudicial não acarretará suspensão de direitos, ações ou execuções, nem a impossibilidade do pedido de decretação de falência pelos credores não sujeitos ao plano de recuperação extrajudicial.

107 Art. 56 § 8º Não aplicado o disposto nos §§ 4º, 5º e 6º deste artigo, ou rejeitado o plano de recuperação judicial proposto pelos credores, o juiz convolará a recuperação judicial em falência.

108 Art. 56. Havendo objeção de qualquer credor ao plano de recuperação judicial, o juiz convocará a assembleia-geral de credores para deliberar sobre o plano de recuperação.
(...)
§ 4º Rejeitado o plano de recuperação judicial, o administrador judicial submeterá, no ato, à votação da assembleia-geral de credores a concessão de prazo de 30 (trinta) dias para que seja apresentado plano de recuperação judicial pelos credores.

Tal pressuposto apresenta um risco natural, vez que os credores não têm o conhecimento necessário da real situação financeira do agente em crise. Essa assimetria de informação pode gerar um PRJ ineficaz, agravando ainda mais a situação do devedor.

Apesar de o Legislador pátrio ter estabelecido condições para que o plano proposto pelos credores possa ser votado, como, por exemplo, a vedação de imposição ao devedor ou aos sócios de condições que gerem martírio superior do que ocorreria numa falência[109], ainda assim é possível que seja elaborado um plano ineficaz, ou então, não totalmente alinhado com a realidade da devedora.

Ainda que se considere que o interesse dos credores em formular um plano, em razão das obrigações assumidas em razão disso, possa ser pequeno, não se deve retirar a possibilidade do rol de riscos de uma recuperação judicial.

Por fim, ainda, é possível tomada de controle da organização por parte dos credores[110]. Nesse caso, a lei garante ao devedor o direito de retirada.

---

109 LRF - Art. 56 § 6º O plano de recuperação judicial proposto pelos credores somente será posto em votação caso satisfeitas, cumulativamente, as seguintes condições:
I - não preenchimento dos requisitos previstos no § 1º do art. 58 desta Lei;
II - preenchimento dos requisitos previstos nos incisos I, II e III do *caput* do art. 53 desta Lei;
III - apoio por escrito de credores que representem, alternativamente:
a) mais de 25% (vinte e cinco por cento) dos créditos totais sujeitos à recuperação judicial; ou
b) mais de 35% (trinta e cinco por cento) dos créditos dos credores presentes à assembleia-geral a que se refere o § 4º deste artigo;
IV - não imputação de obrigações novas, não previstas em lei ou em contratos anteriormente celebrados, aos sócios do devedor;
V - previsão de isenção das garantias pessoais prestadas por pessoas naturais em relação aos créditos a serem novados e que sejam de titularidade dos credores mencionados no inciso III deste parágrafo ou daqueles que votarem favoravelmente ao plano de recuperação judicial apresentado pelos credores, não permitidas ressalvas de voto; e
VI - não imposição ao devedor ou aos seus sócios de sacrifício maior do que aquele que decorreria da liquidação na falência.

110 LRF – Art. 56 § 7º O plano de recuperação judicial apresentado pelos credores poderá prever a capitalização dos créditos, inclusive com a consequente alteração do controle da sociedade devedora, permitido o exercício do direito de retirada pelo sócio do devedor.

### *5.2.2 Aplicabilidade às Associações*

Por muito tempo, fora consenso na doutrina e jurisprudência que os institutos da LRF só poderiam ser aplicados às sociedades empresárias. Contudo, o número de precedentes e pesquisadores[111] com o entendimento de que uma associação tem legitimidade ativa para pleitear a RJ ou REj tem crescido.

Os clubes participantes de competições profissionais, ainda que sob o modelo associativo, desempenham expressiva atividade econômica de forma profissional e organizada, gerando inúmeros benefícios socioeconômicos à sociedade.

O tema ainda é controverso. Os que entendem pela falta de legitimidade ativa das associações para o pleito da recuperação judicial[112], o fazem com base na interpretação literal da LRF, que determina expressamente, em seu artigo 1°, que ela se aplica às sociedades empresárias.[113]

Deve-se ressaltar durante o processo legislativo que culminou no advento da Lei Federal n° 14.112/2020, que realizou algumas modificações no texto da LRF, tentou-se incluir no rol de legitimados do artigo 1°, os agentes não empresários, o que foi rejeitado pelo Congresso Nacional.

Ademais, pode-se argumentar que violaria a segurança jurídica, a adoção de interpretação que permitisse o acesso das associações à recuperação judicial, uma vez que seus credores, ao tempo da contratação, não poderiam considerar esse risco.

De outro lado, destacam-se alguns argumentos utilizados por quem entenda haver legitimidade ativa às associações para se valor dos instrumentos legais de insolvência, como a recuperação judicial.

---

111 Dentre eles: AYOUB, Luiz Roberto. CAVALLI, Cassio. A Construção Jurisprudencial da Recuperação Judicial de Empresas. 3ª. ed. Rio de Janeiro: Forense, 2017. / WAISBERG, Ivo. RIBEIRO, José Horácio Halfeld Rezende. A Ultrapassada Teoria da Empresa e o Direito das Empresas em Dificuldades. In "Temas de Direito da Insolvência: estudos em homenagem ao Professor Manoel Justino Bezerra Filho. São Paulo: IASP, 2017. p. 708.

112 Dentre eles: SACRAMONE, Marcelo Barbosa. Comentários à Lei de Recuperação de Empresas e Falência. São Paulo: Saraiva, 2018. p. 52.

113 Art. 1º Esta Lei disciplina a recuperação judicial, a recuperação extrajudicial e a falência do empresário e da sociedade empresária, doravante referidos simplesmente como devedor.

O artigo 2º da própria LRF, ao listar os agentes excluídos de sua incidência, para ilustrar, é omisso em relação às associações.[114] Ou seja, não há uma vedação expressa na LRF.

Em parecer elaborado pelo Professor Manoel Justino para o caso da recuperação judicial da Universidade Candido Mendes ("UCAM") e de sua mantenedora – Associação Sociedade Brasileira de Instrução, ambas associações civis, defende a legitimidade ativa das requerentes. Para o autor, a partir de uma análise sistemática, considerando o artigo 47 da mesma lei e os artigos 966, 981 e 982 do Código Civil, é possível adotar este entendimento.

Em parecer para o referido caso UCAM, o Professor Sergio Campinho afirma que a ausência das associações no rol do artigo 2º, permite o entendimento de que essas podem se valer dos remédios recuperacionais.

Além disso, destacam-se outros precedentes confirmando a legitimidade ativa de associações para pleitearem os remédios recuperacionais, como, por exemplo, o deferimento do pedido de RJ do Hospital Evangélico da Bahia pelo Juízo da 1ª Vara Empresarial de Salvador, em processo de nº 8074034-88.2020.8.05.0001. Em sua decisão, o magistrado manifestou que "diante da inércia ou morosidade do Legislativo, compete ao Judiciário adotar regras de interpretações necessárias para suprir a atualização da norma (...)".

O caso do Figueirense Futebol Clube também é de extrema relevância. No ano de 2021, o clube obteve o adiantamento dos efeitos do *"stay period"* em sede de Tutela Cautelar Antecedente, tendo recentemente, a homologação de seu Plano de Recuperação Extrajudicial.

Além do Figueirense, o Santa Cruz Futebol Clube também obteve recente decisão favorável no tocante ao uso da LRF, também em sede de Tutela. Todavia, nesse caso, o clube pernambucano utilizou a suspensão das execuções judiciais em curso durante o prazo de 60 dias para realizar

---

114 Art. 2º Esta Lei não se aplica a:
I – empresa pública e sociedade de economia mista;
II – instituição financeira pública ou privada, cooperativa de crédito, consórcio, entidade de previdência complementar, sociedade operadora de plano de assistência à saúde, sociedade seguradora, sociedade de capitalização e outras entidades legalmente equiparadas às anteriores.

a mediação pré-recuperacional com seus credores. Tal mecanismo fora, como já citado, incluído na LRF no ano de 2020, pela Lei Federal nº 14.112112. Mais recentemente, foi a vez do Coritiba Football Club, que teve o processamento de sua recuperação judicial deferido.

Dessa forma, a Lei da SAF buscou pacificar a questão a respeito da legitimidade ativa dos clubes associativos para fazerem uso das ferramentas da LRF.

Ante o exposto, ainda que seja suscitado o questionamento se a legitimidade conferida pela lei é destinada apenas ao clube que constituir uma SAF, pode-se considerar este debate menos relevante no momento, diante dos recentes precedentes judiciais e entendimento de parte da Doutrina comentada acima.

No cenário atual, ainda que não tenha constituído uma SAF, a jurisprudência se mostra favorável a RJ de associações, ainda que a Lei da SAF não indique qualquer tipo de exclusividade de acesso à RJ ou REj aos clubes que constituírem uma SAF.

### *5.2.3 Biênio Legal*

O artigo 48 da LRF impõe o período mínimo de dois anos de atividade regular para que a sociedade tenha legitimidade para requerer a RJ[115]. Dessarte, comumente se utiliza o registro na Junta Comercial competente como comprovação da aludida obrigação.

Isso poderia ser um entrave para as recém-formadas SAF's, se aplicada exclusivamente a interpretação literal do enunciado legal, principalmente nos casos de um clube-associação que se converta em SAF.

Para analisar esta questão, deve-se entender a origem deste dispositivo. Ele foi criado a partir da presunção de que o agente, antes de ter seu empreendimento iniciado, não teria o lapso temporal necessário para se consolidar e gerar benefícios na economia a ponto de fazer jus ao procedimento falimentar.

115 Art. 48. Poderá requerer recuperação judicial o devedor que, no momento do pedido, exerça regularmente suas atividades há mais de 2 (dois) anos e que atenda aos seguintes requisitos, cumulativamente: (...).

Marlon Tomazzete indica que pelo fato de a RJ impor sacrifícios aos credores, ela só se justifica nos casos de agentes econômicos com certa relevância e viabilidade.[116]

Sobre este tema, o autor acrescenta que o requisito temporal imposto pela lei tem por objetivo assegurar um período mínimo de exercício da atividade por parte do agente, para que este tenha um tempo suficiente para tentar adotar outros meios de solução de crise.[117]

No caso de um clube associativo, com décadas de existência, tal período já fora concretizado na prática, de modo que a entidade poderia requerer a RJ logo após sua conversão em SAF.

Um caso interessante é o da recuperação judicial da Associação Educacional Luterana do Brasil, mantenedora da Universidade Ulbra.

Constituída originalmente como associação, conforme indica seu nome, a referida instituição se converteu em sociedade anônima de capital fechado no ano de 2018, realizando seu registro junto à Junta Comercial em abril de 2019.

Logo em seguida, antes de completar dois anos de registro, ajuizou seu pedido de recuperação judicial, tendo seu pleito negado em primeira instância.

Em sede recursal, a agora sociedade empresária conseguiu reverter a decisão *a quo*. O relator entendeu, em seu voto, que apesar de a decisão recorrida respeitar a literalidade da lei, deveria ser realizada uma análise sobre os efeitos dessa decisão no caso concreto. Isso porque a extinção da atividade da recorrente traria consequências mais danosas.

Além disso, o magistrado alerta para a aleatoriedade com que alguns prazos legais são definidos, de modo que, por isso, podem ser objeto de sopesamento.

Assim, a presunção estabelecida pela LRF no tocante ao tempo mínimo de existência não deve ser absoluta, principalmente, pois no caso em questão, a existência por décadas da requerente é notória.

116 TOMAZZETE, Marlon. Curso de Direito Empresarial: Falência e Recuperação de Empresas. v. 3. 5ª. ed. São Paulo: Atlas, 2017. p. 60.

117 SACRAMONE, Marcelo. Comentários à Lei de Recuperação de Empresas e Falência. São Paulo: Saraiva, 2021. p. 244.

Como aponta Juliana Bumachar, pode se entender que "(...) a migração para o regime da SAF seria um mero ato formal, que não poderia impedir o ajuizamento do pedido de recuperação judicial pela agremiação".[118]

Tal posicionamento, inclusive, tem sido adotado pelo STJ[119], como destacou a autora, em casos semelhantes, nos quais produtores rurais requereram o deferimento da recuperação judicial com menos de dois anos de registro no órgão competente.

Ademais, não se deve entender que a faculdade destinada ao clube associativo de se inscrever no Registro Público de Empresas Mercantis, previsto no artigo 35 da Lei da SAF[120], seja uma condição para o requerimento de recuperação judicial ou extrajudicial, como o é para os produtores rurais.

### 5.2.4 Cláusula resolutória expressa

Prevista no artigo 474 do Código Civil[121], a cláusula resolutiva (ou resolutória) é comum em contratos bilaterais, principalmente nas hipóteses de ocorrência de algum evento de insolvência, como recuperação judicial, extrajudicial ou falência.

Seu principal objetivo é garantir maior segurança à outra parte, permitindo-lhe a possibilidade de resolver o contrato em determinadas hipóteses, como o inadimplemento, o ajuizamento do pedido de RJ, dentre outros.

---

118 BUMACHAR, Juliana. Da recuperação judicial e extrajudicial do clube ou pessoa jurídica original. In CASTRO, Rodrigo R. Monteiro (Org.). Comentários à Lei da Sociedade Anônima do Futebol - Lei 14.193/2021. São Paulo. Quartier Latin, 2021. cap. 1. p. 242.

119 STJ, 4ª Turma, Recurso especial nº 1.800.032/MT, Rel. Ministro Marco Buzzi, Rel. p/ Acórdão Ministro Raul Araujo, julgado em 05.11.2019, DJe 10/02/2020.

120 Art. 35. O art. 971 da Lei nº 10.406, de 10 de janeiro de 2002 (Código Civil), passa a vigorar acrescido do seguinte parágrafo único:
"Art. 971. ..........................................................................................
Parágrafo único. Aplica-se o disposto no *caput* deste artigo à associação que desenvolva atividade futebolística em caráter habitual e profissional, caso em que, com a inscrição, será considerada empresária, para todos os efeitos."

121 Art. 474. A cláusula resolutiva expressa opera de pleno direito; a tácita depende de interpelação judicial.

A LRF prevê que os contratos bilaterais não serão resolvidos pela falência[122]. Isto é, o mero pedido de falência, ou sua decretação, não serão fundamentos suficientes para, por si só, embasarem a extinção contratual.

Sobre a RJ, a referida lei, em seu artigo 49, § 2°, dispõe apenas que "as obrigações anteriores à recuperação judicial observarão as condições originalmente contratadas ou definidas em lei (...)[123].".

Nesse sentido, a Lei da SAF buscou garantir maior segurança jurídica, impedindo que o pedido de recuperação judicial ou extrajudicial seja fundamento para a resolução contratual[124].

De certo, o intuito da LRF é garantir meios para que o agente econômico se recupere, preservando os benefícios que este gera para a sociedade como um todo, e a possibilidade de resolver o contrato apenas pelo uso de algum desses meios, poderia tornar inviável a continuidade deste agente[125].

### 5.2.5 Regulamentação

Como visto anteriormente, pode-se dizer que um clube que esteja em recuperação judicial ou extrajudicial recebe muitos benefícios. Benefícios estes que são legítimos e importantes para a preservação da atividade econômica, com efeitos potencialmente positivos a toda sociedade.

No entanto, isso poderá gerar certos conflitos com alguns princípios do futebol, preservados pela FIFA, como, por exemplo, o equilíbrio com-

122 Art. 117. Os contratos bilaterais não se resolvem pela falência e podem ser cumpridos pelo administrador judicial se o cumprimento reduzir ou evitar o aumento do passivo da massa falida ou for necessário à manutenção e preservação de seus ativos, mediante autorização do Comitê.

123 § 2º As obrigações anteriores à recuperação judicial observarão as condições originalmente contratadas ou definidas em lei, inclusive no que diz respeito aos encargos, salvo se de modo diverso ficar estabelecido no plano de recuperação judicial.

124 Art. 25, Parágrafo único. Os contratos bilaterais, bem como os contratos de atletas profissionais vinculados ao clube ou pessoa jurídica original não se resolvem em razão do pedido de recuperação judicial e extrajudicial e poderão ser transferidos à Sociedade Anônima do Futebol no momento de sua constituição.

125 BUMACHAR, Juliana. Da recuperação judicial e extrajudicial do clube ou pessoa jurídica original. In CASTRO, Rodrigo R. Monteiro (Org.). Comentários à Lei da Sociedade Anônima do Futebol - Lei 14.193/2021. São Paulo. Quartier Latin, 2021. p. 235-246.

petitivo entre os clubes (paridade de armas), e a estabilidade e integridade das competições.

Além disso, é possível que tais ferramentas jurídicas sejam estrategicamente utilizadas por gestores de forma indevida, tornando importante que haja uma regulamentação específica para esses casos no futebol.

Tal questão é tão preocupante, que Beech, Horsman e Magraw comentaram a respeito do substancial aumento de casos de clubes requerendo o uso das ferramentas judiciais de recuperação na Inglaterra, que já quase poderia ser vista como uma tática de negócios legítima[126].

Naquele país, a partir de muitos casos no ano de 2002, os dirigentes responsáveis pelas entidades de administração do futebol nacional passaram a estudar medidas para evitar que os clubes usassem tais mecanismos de forma indevida, como um meio de obterem uma vantagem competitiva[127].

A partir de 2005, o futebol inglês passou a adotar medidas punitivas aos clubes que passassem por algum evento de insolvência, como forma de mitigar as vantagens geradas a eles, bem como diminuir os casos de uso inadequado dessas ferramentas por parte dos seus gestores.

Uma dessas medidas é a sanção esportiva com a dedução de pontos. A *English Football League* (EFL), que administra as divisões nacionais inferiores, prevê a dedução de 12 pontos do clube[128], conforme artigo 12.1 de seu regulamento, conforme se segue:

> *12.1 If any Club becomes subject to or suffers an Insolvency Event, that Club shall be deducted 12 points either scored or to be scored in the League Competition (as determined in accordance with Regulations 12.3 – 12.8).*

---

126 BEECH, J., HORSMAN, S. and MAGRAW, J. (2010), Insolvency events among English football clubs. In "International Journal of Sports Marketing and Sponsorship", v. 11. n. 3, p. 53-66.

127 SZYMANSKI. Stefan. Entry Into Exit: Insolvency In English Professional Football. In "Scottish Journal of Political Economy." v. 64. n. 4. 2007. P. 4419-444.

128 Disponível em https://www.efl.com/-more/governance/efl-rules--regulations/efl-regulations/section-3-the-league/. Acesso em 31/08/2022.

Já a *Premier League*, liga da primeira divisão inglesa, impõe aos seus clubes a redução de 9 pontos em caso de ocorrência de algum evento de falência, nos termos do item E.33 do seu regulamento, abaixo transcrito:[129]

> *E.33 Upon a Club or its Parent Undertaking suffering an Event of Insolvency the Board shall have the power to impose upon the Club a deduction of nine points scored or to be scored in the League competition. If the Board exercises this power it shall forthwith give written notice to the Club to that effect.*

Outros países também adotam punições semelhantes, como a Escócia, com regulação mais severa, que retira 15 pontos do clube na temporada vigente e mais 5 na seguinte, conforme pode-se observar na seção E do *Scottish Professional Football League*, abaixo:[130]

> *E1 Where a Club takes, suffers or is subject to a Deductible Insolvency Event that Club shall, subject to Rule E4, be deducted 15 points and 5 points in the League in consecutive Seasons in terms of Rule E2 or Rule E3.*
>
> *E2 Where a Club takes, suffers or is subject to a Deductible Insolvency Event during a Season the 15 points deduction shall be applied immediately to take effect in that Season, with the 5 points deduction being applied in the immediately following Season such that the relevant Club shall commence that immediately following Season in the relevant Division on minus 5 points.*
>
> *E3 Where a Club takes, suffers or is subject to a Deductible Insolvency Event during a Close Season the 15 points deduction shall be applied in the immediately following Season, such that the relevant Club shall commence that immediately following Season in the relevant Division on minus 15 points, with the 5 points deduction being applied in the*

129 Disponível em https://resources.premierleague.com/premierleague/document/2021/11/30/235538a5-3927-4489-9812-7b426b80e6e1/PL_Handbook_2021_22_DIGITAL_29.11.21.pdf. Acesso em 31/08/2022.

130 Disponível em https://spfl.co.uk/admin/filemanager/images/shares/pdfs/CLEAN_SPFL%20Rules%20and%20Regulations%2029-Jul-22%20(MASTER%20COPY).pdf . Acesso em 31/08/2022.

> *Season next following the immediately following Season, such that the relevant Club shall commence that next following Season in the relevant Division on minus 5 points.*
>
> *E4 Where a Club, whether owned and operated by the same or a different person and whether such person or persons is or was a Member, has taken, suffered or been subject to an Insolvency Event which resulted in a deduction of points in terms of these Rules, whether a Deductible Insolvency Event or not, or in terms of the SFL Rules and within 5 years of the date of such Insolvency Event which resulted in a deduction of points takes, suffers or is subject to a Deductible Insolvency Event the 15 and 5 points deductions applicable in terms of Rules E2 or E3, in respect of such a Deductible Insolvency Event shall instead be 25 and 15 points respectively.*

Um ponto importante a se atentar é que dependendo da posição do clube no torneio, a perda de pontos pode ser irrelevante, de forma que ele aproveite a situação para requerer a recuperação judicial.

Visando coibir tal possibilidade, as ligas inglesas e alemãs permitem que a sanção possa ser efetuada apenas na próxima temporada, com o clube iniciando o torneio nacional que estiver participando com a devida dedução.

A EFL determina que se o evento de insolvência ocorrer durante o campeonato, até as 17h da quarta 5ª feira de março, a sanção de pontos será imediatamente aplicada. Em sendo posterior, duas serão as possibilidades:

a. Se o time for rebaixado, sem contar com a dedução de pontos, a sanção será aplicada na temporada seguinte, em sua atual divisão; ou
b. Se a equipe conseguir a manutenção na sua divisão, sem considerar a redução de pontos, a punição será efetivada imediatamente, o que pode gerar eventual rebaixamento do clube.

Caso o evento ocorra após o encerramento da temporada, a punição será aplicada na subsequente.[131]

---

131 Disponível em <https://spfl.co.uk/admin/filemanager/images/shares/pdfs/CLEAN_SPFL%20Rules%20and%20Regulations%2029-Jul-22%20(MASTER%20COPY).pdf >. Acesso em 31/08/2022.

A *Premier League* também prevê em seus regulamentos alguns dispositivos para afastar gestores e proprietários que já tenham passado por eventos de insolvência em clubes de futebol, como uma forma de repelir do mercado aqueles dirigentes que tentem manipular a legislação falimentar a seu favor.[132]

A liga exige que o gestor assine uma declaração na qual confirme não estar enquadrado em nenhum dos casos de impedimento previstos pelo regulamento, dentre eles não ter estado envolvido em nenhum caso de insolvência de um clube.

Impende salientar que, em regra, requerer a recuperação judicial ou a autofalência de uma sociedade não deve ser encarada como um atestado de má intenção do gestor. Porém, tal fato pode se aplicar ao futebol, devido às suas especificidades. Sabemos que este mercado atrai muitos "aventureiros", merecendo, assim, um cuidado especial em proteger as entidades dessas pessoas, afastando-as.

O Regulamento de Licença de Clubes da Confederação Brasileira de Futebol ("CBF") conta com dispositivo que obriga um clube a informar à entidade sobre eventuais operações societárias que realize, a fim de dar maior transparência[133], não impondo, todavia, nenhuma restrição como no caso inglês.

No referido regulamento, o item J.03 informa que:

> O Clube Requerente deve apresentar uma declaração juridicamente válida, assinada por seus representantes legais, essencial para descrever e confirmar a estrutura de propriedade do Clube Requerente e o mecanismo de exercício do controle, conforme o modelo a ser fornecido pela CBF. Esta declaração deverá ser atualizada pelo Clube Requerente sempre que houver qualquer alteração relativa à propriedade e controle do clube.

---

132 Disponível em < https://resources.premierleague.com/premierleague/document/2021/11/30/235538a5-3927-4489-9812-7b426b80e6e1/PL_Handbook_2021_22_DIGITAL_29.11.21.pdf >. Acesso em 31/08/2022.

133 Disponível em https://conteudo.cbf.com.br/cdn/202108/20210809211154_597.pdf . Acesso em 31/08/2022.

Cabe destacar a necessidade de também se regulamentar o caso de falências das SAF's, de modo a adotar uma legislação que preserve símbolos e demais itens de identificação de um clube, bem como seu histórico esportivo, de modo a pavimentar uma eventual refundação dessa agremiação, sob nova direção.

CAPÍTULO 6

# FINANCIAMENTO DA SAF E CAPTAÇÃO DE INVESTIMENTOS

A captação de novos recursos é outro dos principais mecanismos para estimular a adesão de clubes tradicionais ao modelo da SAF. A Lei, ao permitir o acesso a diferentes formas de investimentos não disponíveis às associações, possibilita a entrada de novos investidores ao mercado do futebol.

A partir de uma estrutura empresarial que siga as boas práticas de boa governança e dentro de um mercado com maior segurança jurídica, espera-se que as SAF's brasileiras representem uma atrativa forma de investimento a investidores nacionais e estrangeiros.

Deve-se destacar que o mercado do futebol está fortemente inserido no processo de globalização, de modo que clubes de diferentes países, e suas respectivas ligas, disputam entre si não mais apenas novos atletas talentosos, mas também por novos consumidores. Assim, a entrada de capital novo se faz necessário para que o futebol nacional amplie sua relevância no cenário internacional.

Ademais, a entrada de capital estrangeiro pode representar mais do que mera injeção de capital, mas também o uso de um substancial *know-how* de investidores com experiência em grandes negócios em indústrias estratégicas, como a do entretenimento, por exemplo. Para além do dinheiro, o investidor poderá agregar à SAF sua *expertise, networking* e atrair bons profissionais para reforçar a estrutura gerencial da sociedade. Trata-se do chamado *smart money*.

A referida disputa por novos fãs/consumidores se dá também com agentes de outros mercados de entretenimento, como empresas de *streaming*, mídias sociais e outros. Dessa forma, é latente a evolução da indústria do futebol nacional de modo geral, sendo fundamental que gere mais receitas e atraia novos investimentos.

Há diferentes formas de se investir em uma sociedade anônima, sendo a emissão de valores mobiliários uma delas. Por exemplo, a SAF poderá abrir seu capital, transacionando ações na Bolsa de Valores, como os casos de clubes como o já citado *Manchester United*, que comercializa suas ações na Bolsa de Valores de Nova York. Outro exemplo interessante foi a subscrição de novas ações perpetrada pelo *Atlético de Madrid* como forma de auxílio no combate aos efeitos danosos da pandemia nas finanças do clube.

Assim, a emissão de valores mobiliários surge como uma novidade útil aos clubes que constituam suas SAF's, uma vez que, por sua natureza, associações civis sem fins lucrativos não dispõem da mesma oportunidade.

A Lei Federal nº 6.385/1976, também conhecida como Lei da CVM (Comissão de Valores Mobiliários) relaciona de modo exemplificativo os tipos de valores mobiliários que uma sociedade pode emitir, como, por exemplo, as ações, bônus de subscrição, debêntures, contratos futuros, dentre outros, dos quais a SAF também poderá utilizar.

Sobre esse tema, a Lei prevê um tipo de debênture específico para as SAF's, a "debênture-fut"[134].

---

134 Art. 26. A Sociedade Anônima do Futebol poderá emitir debêntures, que serão denominadas "debêntures-fut", com as seguintes características:
I - remuneração por taxa de juros não inferior ao rendimento anualizado da caderneta de poupança, permitida a estipulação, cumulativa, de remuneração variável, vinculada ou referenciada às atividades ou ativos da Sociedade Anônima do Futebol;
II - prazo igual ou superior a 2 (dois) anos;
III - vedação à recompra da debênture-fut pela Sociedade Anônima do Futebol ou por parte a ela relacionada e à liquidação antecipada por meio de resgate ou pré-pagamento, salvo na forma a ser regulamentada pela Comissão de Valores Mobiliários;
IV - pagamento periódico de rendimentos;
V - registro das debênture-fut em sistema de registro devidamente autorizado pelo Banco Central do Brasil ou pela Comissão de Valores Mobiliários, nas suas respectivas áreas de competência.
§ 1º Os recursos captados por meio de debêntures-fut deverão ser alocados no desenvolvimento de atividades ou no pagamento de gastos, despesas ou dívidas relacionados às atividades típicas da Sociedade Anônima do Futebol previstas nesta Lei, bem como em seu estatuto social.

Em apertada síntese, uma debênture, prevista no artigo 52 da LSA[135], representa título abstrato de dívida que uma sociedade emite, proporcionando ao seu adquirente determinados direitos, mais notadamente o direito de crédito. Como aponta Tavares Borba, sob a ótica do adquirente, ela representa um título de crédito, servindo como uma fonte de receita à sociedade, como uma alternativa às transações acionárias ou, ainda, à emissão de novas ações.[136]

A debênture-fut, com regramento especial conferido pela Lei da SAF, deverá ter um prazo de no mínimo dois anos e os recursos obtidos através dela deverá ser aplicado exclusivamente nas atividades típicas da SAF, seja para investimento no desenvolvimento de atividades, seja para pagamento de débitos vencidos ou vincendos da SAF.

A Lei traz algumas vedações, tais como, (i) a SAF (ou alguém relacionada a ela) está impedida de recomprar suas debêntures-fut emitidas; (ii) a taxa de juros de remuneração não poderá ser inferior ao rendimento anual da poupança (nesse caso, é possível que a SAF estabeleça de forma cumulativa, uma remuneração variável, vinculada ou referenciada às suas atividades ou seus ativos) e (iii) não é permitida a liquidação antecipada por meio de resgate ou pré-pagamento. Sobre este último ponto, a Lei prevê que a CVM regulamente suas exceções.

Ressalta-se que a aplicabilidade da LSA no que couber, de modo que questões como competência para emissão das debêntures, procedimentos obrigatórios dentre outros, deverão ser realizados nos seus termos, adaptando-os à realidade da SAF.

Por exemplo, será de privativa competência assembleia geral da SAF, nos termos do artigo 59 da LSA[137].

---

135 LSA - Art. 52. A companhia poderá emitir debêntures que conferirão aos seus titulares direito de crédito contra ela, nas condições constantes da escritura de emissão e, se houver, do certificado.

136 BORBA, José Edwaldo Tavares Borba. Direito Societário. 18ª. ed. revista e atualizada. São Paulo: Atlas, 2021. p. 290-291.

137 Art. 59. A deliberação sobre emissão de debêntures é da competência privativa da assembleia-geral, que deverá fixar, observado o que a respeito dispuser o estatuto:

I - o valor da emissão ou os critérios de determinação do seu limite, e a sua divisão em séries, se for o caso;

II - o número e o valor nominal das debêntures;

Como visto anteriormente, compõe a AG todos os acionistas da SAF. Para ilustrar, um caso prático: um clube que tenha celebrado a venda do poder de controle de sua SAF para um investidor único. A AG será composta pelo clube que fundou a SAF, pois ainda terá se mantido como acionista, e o investidor, agora acionista majoritário.

Assim, a AG deverá determinar, dentre outros temas, qual será o valor nominal das debêntures e quais direitos elas proporcionarão aos seus adquirentes.

Há algumas exceções nas quais a competência poderá ser delegada ao Conselho de Administração da SAF[138]. Como aponta Tavares Borba, a determinação do "vencimento, rendimentos, modo de subscrição ou colocação e tipo, por estarem estritamente relacionadas à realidade do mercado, a qual é muito dinâmica e mutável, poderão, na companhia aberta, ter a sua fixação delegada ao conselho de administração (...)"[139].

## *6.1 Contrapartidas Sociais*

Tratar sobre o cenário futebolístico no Brasil, mesmo em uma vertente econômica e de novo mercado, exige-se a compreensão do futebol como instrumento de desenvolvimento social.

---

III - as garantias reais ou a garantia flutuante, se houver;
IV - as condições da correção monetária, se houver;
V - a conversibilidade ou não em ações e as condições a serem observadas na conversão;
VI - a época e as condições de vencimento, amortização ou resgate;
VII - a época e as condições do pagamento dos juros, da participação nos lucros e do prêmio de reembolso, se houver;
VIII - o modo de subscrição ou colocação, e o tipo das debêntures.

138 § 1º Na companhia aberta, o conselho de administração pode deliberar sobre a emissão de debêntures não conversíveis em ações, salvo disposição estatutária em contrário. (Redação dada pela Lei nº 12.431, de 2011).
§ 2º O estatuto da companhia aberta poderá autorizar o conselho de administração a, dentro dos limites do capital autorizado, deliberar sobre a emissão de debêntures conversíveis em ações, especificando o limite do aumento de capital decorrente da conversão das debêntures, em valor do capital social ou em número de ações, e as espécies e classes das ações que poderão ser emitidas.

139 BORBA, José Edwaldo Tavares Borba. Direito Societário. 18ª. ed. rev. atualizada. São Paulo: Atlas, 2021. p. 307.

A partir dessa concepção, a Lei da SAF criou o Programa de Desenvolvimento Educacional e Social (PDE) pelo qual a Sociedade Anônima do Futebol, obrigatoriamente, deverá ter convênio com instituições públicas de ensino para desenvolver a educação e o futebol em conjunto.

Conforme o PDE, há diversas formas do investimento ocorrer, sendo algumas delas a (i) reforma ou construção de escola pública, bem como na manutenção de quadra ou campo destinado à prática do futebol; (ii) a instituição de sistema de transporte dos alunos qualificados à participação no convênio, na hipótese de a quadra ou o campo não se localizar nas dependências da escola; (iii) alimentação dos alunos durante os períodos de recreação futebolística e de treinamento; (iv) capacitação de ex-jogadores profissionais de futebol, para ministrar e conduzir as atividades no âmbito do convênio; (v) contratação de profissionais auxiliares, especialmente de preparadores físicos, nutricionistas e psicólogos, para acompanhamento das atividades no âmbito do convênio; (vi) aquisição de equipamentos, materiais e acessórios necessários à prática esportiva.

O programa também conta com algumas exigências legais, sendo essas a habilitação para integrar o programa apenas por alunos regularmente matriculados na instituição conveniada, com nível de frequência às aulas e padrão de aproveitamento predeterminado no convênio.

Além disso, reforçando um dos principais objetivos da SAF, o desenvolvimento do PDE exige que oportunidades iguais sejam fornecidas às meninas e meninos.

Ainda, a legislação apresenta obrigações complementares às SAFs em relação a determinações constantes na Lei Pelé no que concerne ao alojamento e a estrutura fornecida aos atletas em formação. Tal postura pode ser compreendida como um reflexo após incidentes trágicos como o incêndio do Ninho do Urubu, que vitimizou diversas crianças que atuavam nas categorias de base do Clube de Regatas do Flamengo.

São tais obrigações previstas em lei: (i) instalações físicas certificadas pelos órgãos e autoridades competentes com relação à habitabilidade, à higiene, à salubridade e às medidas de prevenção e combate a incêndio e a desastres; (ii) assistência de monitor responsável durante todo o dia; (iii) convivência familiar; (iv) participação em atividades culturais e de lazer nos horários livres; e (v) assistência religiosa àqueles que desejarem, de acordo com suas crenças.

Diante das discussões sobre responsabilidade resultantes da mencionada tragédia, a observância dessas normas de cuidado, por determinação da Lei da SAF, é de todos os administradores, independente do que estabelecer estatuto. Devendo o administrador, portanto, em caso de conhecimento de irregularidade, para afastar a responsabilidade legal, informar em reunião ou por escrito o ocorrido aos órgãos da SAF.

Por fim, como contrapartida social, a legislação ainda possibilita que a SAF capte recursos de incentivo governamental advindos da Lei de Incentivo ao Esporte, desde que não os utilize para o futebol profissional.

## *6.2 Regime de Tributação Específica, TEF*

Dentre os principais empecilhos para a adesão dos clubes brasileiros ao modelo empresarial, destaca-se a elevada carga tributária a qual as sociedades empresárias estão submetidas, em contraponto aos generosos benefícios fiscais concedidos às associações sem fins lucrativos.

Visando superar tal obstáculo, a Lei prevê um regime especial destinado especificamente às SAF's, que é o TEF.

O projeto original previa um período de transição no qual a SAF teria certos benefícios tributários, com o objetivo de adaptar-se a uma carga tributária mais elevada. Após esse período, seria imputada à ela a mesma tributação aplicável às demais sociedades empresárias. Tal regime tributário se denominou Re-fut. Todavia, o Legislador optou por conceder um programa mais vantajoso às SAF's, com a elaboração do TEF.

O TEF prevê o recolhimento mensal[140] de diferentes impostos e contribuições pela SAF, num documento único, tornando muito mais simplificado o procedimento[141].

---

140 Art. 31, § 3º O pagamento mensal unificado deverá ser feito até o vigésimo dia do mês subsequente àquele em que houver sido recebida a receita.

141 Art. 31. A Sociedade Anônima do Futebol regularmente constituída nos termos desta Lei fica sujeita ao Regime de Tributação Específica do Futebol (TEF).

§ 1º O regime referido no *caput* deste artigo implica o recolhimento mensal, mediante documento único de arrecadação, dos seguintes impostos e contribuições, a serem apurados seguindo o regime de caixa:

I - Imposto sobre a Renda das Pessoas Jurídicas (IRPJ);

Há de se destacar que a Lei indica os impostos e contribuições que incidem sobre a SAF, na qualidade de contribuinte ou responsável, da mesma forma como as demais sociedades empresárias[142], como, por exemplo, o IOF e o FGTS.

Durante os cinco primeiros anos de existência, a SAF será tributada com uma alíquota de 5% de todas as receitas mensais, com exceção dos valores oriundos de cessões dos direitos desportivos dos atletas[143]. A partir do sexto ano, a alíquota será reduzida para 4%, passando a incluir os valores acima referidos[144].

---

II - Contribuição para os Programas de Integração Social e de Formação do Patrimônio do Servidor Público (Contribuição para o PIS/Pasep);
III - Contribuição Social sobre o Lucro Líquido (CSLL);
IV - Contribuição para o Financiamento da Seguridade Social (COFINS); e
V - contribuições previstas nos incisos I, II e III do *caput* e no § 6º do art. 22 da Lei nº 8.212, de 24 de julho de 1991.

142 Art. 31. A Sociedade Anônima do Futebol regularmente constituída nos termos desta Lei fica sujeita ao Regime de Tributação Específica do Futebol (TEF).
§ 1º O regime referido no caput deste artigo implica o recolhimento mensal, mediante documento único de arrecadação, dos seguintes impostos e contribuições, a serem apurados seguindo o regime de caixa:
I - Imposto sobre a Renda das Pessoas Jurídicas (IRPJ);
II - Contribuição para os Programas de Integração Social e de Formação do Patrimônio do Servidor Público (Contribuição para o PIS/Pasep);
III - Contribuição Social sobre o Lucro Líquido (CSLL);
IV - Contribuição para o Financiamento da Seguridade Social (COFINS); e
V - contribuições previstas nos incisos I, II e III do caput e no § 6º do art. 22 da Lei nº 8.212, de 24 de julho de 1991.

143 Art. 32. Nos 5 (cinco) primeiros anos-calendário da constituição da Sociedade Anônima do Futebol ficará ela sujeita ao pagamento mensal e unificado dos tributos referidos no § 1º do art. 31 desta Lei, à alíquota de 5% (cinco por cento) das receitas mensais recebidas.
§ 1º Para fins do disposto no *caput* deste artigo, considera-se receita mensal a totalidade das receitas recebidas pela Sociedade Anônima do Futebol, inclusive aquelas referentes a prêmios e programas de sócio-torcedor, excetuadas as relativas à cessão dos direitos desportivos dos atletas.

144 § 2º A partir do início do sexto ano-calendário da constituição da Sociedade Anônima do Futebol, o TEF incidirá à alíquota de 4% (quatro por cento) da receita mensal recebida, compreendidos os tributos referidos no § 1º do art. 31 desta Lei, inclusive as receitas relativas à cessão dos direitos desportivos dos atletas.

Em comparação, o regime tributário ordinário impõe às sociedades empresárias (incluindo os clube-empresas não constituídos sob a forma de SAF) a tributação de 34% a título de Imposto sobre a Renda de Pessoas Jurídicas e Contribuição Social sobre o Lucro, de 9,25% a título de PIS/COFINS sobre a receita bruta, e de 5% referente ao imposto sobre serviços (ISS), incidente sobre as receitas obtidas em patrocínios, licenciamento de marcas, bilheteria, renda oriunda dos direitos de transmissão, publicidade e propaganda, enquanto as associações não recolhem tais tributos.[145]

A Lei prevê ainda que o Ministério da Economia regulamentará a repartição da receita tributária[146].

145 BONTEMPO, Joana Gomes Baptista. A Nova Lei Brasileira da SAF: reestruturação de clubes de futebol e investimento em novas sociedades anônimas do futebol (SAFs). 2022. p.10.

146 Art. 31, § 3º O Ministério da Economia regulamentará a repartição da receita tributária de que trata este artigo, observadas as diretrizes de repartição de receitas tributárias estabelecidas pela Constituição Federal e pela legislação em vigor.

CAPÍTULO 7

# QUESTÕES PRÁTICAS

Assim como ocorre com a esmagadora maioria das normas que regem um Estado democrático de direito, existem nuances específicas e particulares de processos burocráticos e administrativos que a letra fria da lei não consegue alcançar.

Como não poderia ser diferente, tanto as normativas privadas das entidades de administração do futebol, quanto a prática adotada pelos clubes em seus processos de constituição em SAF, acabam e acabarão por moldar questões práticas de matérias que ficaram às margens da regulamentação formal concebida pelo Legislador.

Nesse capítulo, portanto, serão levantadas questões práticas que trazem e poderão trazer repercussões à sucessão esportiva e que, inclusive, podem ainda seguir sem respostas concretas.

## *7.1 A sucessão esportiva e a condição de jogo dos atletas*

Conforme tratado no decorrer dessa obra, em relação às entidades de administração do futebol, se faz necessária, para a regularização da SAF, ao menos nos casos das entidades que mantêm seu Clube Original e constituem a SAF, a realização da sucessão esportiva.

Dentre os ativos que são sucedidos, se encontram os vínculos esportivos dos atletas. No entanto, além do evidente potencial econômico envolvido, os atletas, na prática, são os que representam os clubes em campo. Nesse sentido, a regularidade de registro dos atletas junto à CBF se torna fundamental, por ser pré-requisito para garantir a condição de jogo nas competições da CBF.

Para ilustrar, se consolidou, há anos, no regulamento geral de competições da CBF, o requisito da regularidade de registro para a inscrição do atleta em competições oficiais da entidade. Por sua vez, existem prazos máximos para a inscrição dos atletas em cada competição, além de, eventualmente, limitações de participação por mais de uma equipe.

Considerando que, com base no artigo 2° da Lei da SAF, atualmente CBF permite que a sucessão esportiva seja realizada em qualquer momento da temporada, existem algumas questões que devem ser levantadas em relação ao vínculo esportivo e condição de jogo dos atletas na SAF.

A primeira, evidentemente, reside no questionamento se, realizada a sucessão esportiva, terá o atleta sido registrado por dois clubes, o original e a SAF, ou apenas um, vez que houve, ao menos em tese, uma sucessão de vínculo, e não uma transferência.

Tal definição é importante, antes de mais nada, por conta do disposto no artigo 5.4 do FIFA *Regulations on the Status and Transfer of Players*[147] ("RSTP"):

> 5. Registro
>
> 4. Atletas somente podem ser registrados em, no máximo, três clubes durante uma temporada. Durante esse período, o atleta somente será elegível para disputar partidas oficiais por dois clubes. Exceção à regra se aplica nos casos em que um atleta se transfira entre dois clubes pertencentes a associações nacionais com temporadas sobrepostas (por exemplo, o início da temporada de verão/outono ao invés de inverno/primavera) poderá ser elegível para participar de partidas oficiais por um terceiro clube durante a temporada em questão, desde que tenha cumprido com as obrigações contratuais com seu clube anterior. Também, as previsões relativas aos períodos de registro (artigo 6) e às durações mínimas de contrato (artigo 18 parágrafo 2) devem ser respeitadas. (tradução nossa)[148]

---

147 FIFA. Regulations on the Status and Transfer of Players, 2022. Zurique,jul. 2022. Disponível em: https://digitalhub.fifa.com./m/cb37201b05fe8f7/original/Regulations-on-the-Status-and-Transfer-of-Players-July-2022-edition.pdf. Acesso em: 10 ago. 2022.

148 Do original:
*5. Registration*
*4. Players may be registered with a maximum of three clubs during one season. During this period, the player is only eligible to play official matches for two clubs. As an exception to this rule, a player moving between two clubs belonging to associations with overlapping seasons (i.e. start of the season in summer/autumn as*

Nesse cenário, tendo em vista a limitação expressa da FIFA para a possibilidade do registro do atleta somente em três clubes na temporada, e a condição de jogo em apenas dois, resta evidente que, caso a contabilização abrangesse ambos, muitos atletas poderiam, inclusive, perder sua condição de jogo para o restante da temporada.

A justificada preocupação, por sua vez, merece aprofundada reflexão, em especial considerando que o RSTP é silente nessa matéria específica.

No entanto, apesar da falta de explícita regulamentação, em linha com a fundamentação presente no artigo 25[149] do mesmo regulamento, se cristalizou o entendimento de que, ainda que formalmente se altere o contratante, ou seja, seu CNPJ, o registro esportivo segue sendo único, para esses fins.

Superada a questão, ao menos, na atual conjuntura, dos limites de registro por temporada, cabe, ainda, no plano nacional, a reflexão acerca da questão da condição de jogo nas competições nacionais.

As versões de 2022 do Regulamento Geral de Competições e do Regulamento Específico do Campeonato Brasileiro Série A, repetindo entendimento consolidado há anos no futebol brasileiro, sobre a condição de jogo dos atletas assim estabelece:

> Regulamento Geral de Competições[150]:
>
> Art. 33 – Somente terão condição de jogo para as partidas de quaisquer competições coordenadas pela CBF os atletas que satisfizerem concomitantemente os seguintes requisitos:

---

*opposed to winter/spring) may be eligible to play in official matches for a third club during the relevant season, provided he has fully complied with his contractual obligations towards his previous clubs. Equally, the provisions relating to the registration periods (article 6) as well as to the minimum length of a contract (article 18 paragraph 2) must be respected.*

149 *25. Implementation of decisions and confirmation letters*
*1. The sporting successor of a debtor shall be considered the debtor and be subject to any decision or confirmation letter issued by the Football Tribunal. The criteria to assess whether an entity is the sporting successor of another entity are, among others, its headquarters, name, legal form, team colours, players, shareholders or stakeholders or ownership and the category of competition.*

150 CBF. *Regulamento Geral das Competições 2022.* Rio de Janeiro, 19 jan. 2022. Disponível em: https://conteudo.cbf.com.br/cdn/202201/20220119231030_984.pdf. Acesso em: 28 jul. 2022.

> I. ter o vínculo não profissional ou contrato de trabalho publicado pela DRT no BID da CBF;
>
> **II. estar inscrito para a disputa da competição;**
>
> III. tenha atendido às exigências deste RGC e do respectivo REC. Parágrafo único – É de exclusiva atribuição dos clubes certificarem-se da devida condição de jogo de seus atletas, cabendo-lhes a responsabilidade por tal controle. (grifo nosso)
>
> Regulamento Específico do Campeonato Brasileiro de Futebol Série A[151]:
>
> Art. 10º – A contratação de novo atleta pelo clube, seja como profissional ou não profissional, habilita a sua atuação pelo clube no CAMPEONATO **a partir do dia seguinte à data de publicação do seu nome no BID pela DRT**, desde que cumpridos os demais requisitos do RGC e deste REC, incluindo a sua inscrição na competição pelo clube dentro do prazo definido no artigo 9º.

Ao analisar os artigos, uma questão se destaca: é necessário, para garantir a condição de jogo, que a publicação do registro esportivo ocorra com, ao menos, um dia de antecedência para a partida em questão. Por sua vez, como, então, conciliar a previsão do artigo 2º da Lei da SAF, que não apresenta qualquer limitação temporal para a realização da sucessão esportiva, com os limites estabelecidos nos regulamentos das competições nacionais?

Ou, então, mais especificamente, se um clube realizar a sucessão esportiva no mesmo dia em que dispute uma partida do Campeonato Brasileiro, seus atletas terão condição de jogo, tendo em vista que, formalmente, terão sido publicados no sistema de registros da CBF pela SAF no dia da partida?

A CBF, não ultrapassando os limites da legislação, atribui, exclusivamente, aos clubes a incumbência de garantir a condição de jogo de seus atletas, sendo que tal matéria poderá ser contestada no âmbito da Câmara Nacional de Resolução de Disputas da CBF, nos termos dos artigos 34,

151 CBF. *Regulamento Específico da Competição Brasileirão Assaí 2022*. Rio de Janeiro, 19 jan. 2022. https://conteudo.cbf.com.br/cdn/202202/20220209103808_745.pdf. Acesso em: 28 jul. 2022

II e dos parágrafos 3° e 4° do artigo 35 do Regulamento Geral de Competições da CBF[152], 68, 70 e 71 do Regulamento Nacional de Registro e Transferência de Atletas de Futebol[153], além do artigo 15-B do Regulamento da Câmara Nacional de Resolução de Disputas da CBF[154].

---

152 CBF. *Regulamento Geral das Competições 2022*. Rio de Janeiro, 19 jan. 2022. Disponível em: https://conteudo.cbf.com.br/cdn/202201/20220119231030_984.pdf. Acesso em: 28 jul. 2022.
Art. 34 – Suspendem a condição de jogo:
I – a sanção imposta pela Justiça Desportiva ou pela Justiça Desportiva Antidopagem, através dos tribunais nacionais ou internacionais;
II – a sanção pela CNRD ou por órgãos arbitrais nacionais ou internacionais;
III – a aplicação de cartões vermelhos ou amarelos, na forma dos arts. 47 e 48 deste RGC.
Parágrafo único – O REC da respectiva competição poderá prever outros elementos que venham a suspender a condição de jogo dos atletas.
Art. 35 – Somente constará do BID o nome dos atletas profissionais e não profissionais registrados pela DRT.
§ 1° - O processo de registro iniciar-se-á através de protocolo na Federação ao qual o Clube estiver filiado.
§ 2° - Somente poderão registrar contratos de trabalho os Clubes que participem de competições profissionais coordenadas pela CBF, de competições profissionais de âmbito estadual ou de competições femininas, com atletas desta categoria.
§ 3° - Eventual irregularidade de ato de registro e/ou transferência não se confunde com irregularidade da condição de jogo, sendo de competência da CNRD, na forma de seu Regulamento, apreciar e julgar tais situações.
§ 4° - Em casos de modificação da situação contratual e/ou de registro por decisão do Poder Judiciário ou da CNRD, a condição de jogo somente será afetada após a devida publicação da modificação do registro do atleta no BID.

153 CBF. *Regulamento Nacional de Registro e Transferência de Atletas 2022*. Rio de Janeiro, 19 jan. 2022. Disponível em: https://conteudo.cbf.com.br/cdn/202201/20220119231030_984.pdf. Acesso em: 28 jul. 2022
Art. 68 – As partes que infringirem este Regulamento sujeitam-se às sanções previstas no Regulamento da CNRD, aplicáveis de forma isolada ou cumulativa.
Art. 70 - Compete à CNRD apreciar quaisquer questões decorrentes do presente Regulamento, além de julgar e sancionar infrações a este, bem como aos demais dispositivos de Regulamentos ou dos estatutos da FIFA ou da CBF que tratarem sobre os temas abrangidos no presente Regulamento.
Art. 71 – Cabe à CBF publicar e informar à FIFA todas as sanções porventura impostas pela CNRD, podendo o Comitê Disciplinar da FIFA estender sua eficácia a nível mundial, nos termos do Código Disciplinar da FIFA.

154 CBF. *Regulamento da Câmara Nacional de Resolução de Disputas da CBF*. Rio de Janeiro, 20202. Disponível em: https://conteudo.cbf.com.br/cdn/202009/20200901180541_597.pdf. Acesso em: 28 jul. 2022

Sendo assim, caso queira o clube realizar a sucessão esportiva no mesmo dia em que disputará uma partida oficial, estará assumindo o risco pela regularidade da condição de jogo de seus atletas, vez que, na prática, enquanto o registro esportivo do Clube Original automaticamente deixa de estar ativo, ao menos pela letra fria do regulamento, a SAF não seria capaz de cumprir o requisito do registro um dia antes da partida conforme previsto pelo Regulamento Geral de Competições da CBF.

## 7.2 Os resultados esportivos do Clube Original e a sucessão esportiva em SAF

Antes de adentrar no tópico específico, cabe, novamente, recordar a redação do artigo 2º da Lei da SAF[155]:

---

Art. 15-B – A DRT ou qualquer jurisdicionado da CNRD pode requerer à CNRD que analise a regularidade, à luz do RNRTAF ou do RNI, de atos de registro ou transferência praticados pela DRT ou de sua atribuição. Para tanto, o pedido deve conter, no mínimo:
I – qualificação completa, endereços físico e eletrônico de todas as partes envolvidas no procedimento e, se houver, de seus representantes;
II – demonstração do legítimo interesse do consultante e da necessidade de instauração do procedimento;
III – descritivo completo do caso;
IV – indicação dos dispositivos a serem analisados; e
V – comprovante de recolhimento de custas.
§ 1º – A CNRD pode intimar a DRT ou qualquer parte interessada para se manifestar, no prazo de dez dias, sobre o pedido apresentado.
§ 2º – A decisão da CNRD que verificar eventual inobservância do RNRTAF ou do RNI pode determinar o cancelamento ou a retificação do ato de registro ou transferência impugnado, sem efeitos retroativos.

155 BRASIL. Lei nº 14.193, de 06 de agosto de 2021. Institui a Sociedade Anônima do Futebol e dispõe sobre normas de constituição, governança, controle e transparência, meios de financiamento da atividade futebolística, tratamento dos passivos das entidades de práticas desportivas e regime tributário específico; e altera as Leis nos 9.615, de 24 de março de 1998, e 10.406, de 10 de janeiro de 2002 (Código Civil). Diário Oficial, Brasília, DF, 06 agosto 2021. Disponível em: http://www.planalto.gov.br/ccivil_03/_Ato2019-2022/2021/Lei/L14193.htm. Acesso em: 11 jul. 2022.

Art. 2º - A Sociedade Anônima do Futebol pode ser constituída:

I - pela transformação do clube ou pessoa jurídica original em Sociedade Anônima do Futebol;

II - pela cisão do departamento de futebol do clube ou pessoa jurídica original e transferência do seu patrimônio relacionado à atividade futebol;

III - pela iniciativa de pessoa natural ou jurídica ou de fundo de investimento.

§ 1º Nas hipóteses dos incisos I e II do *caput* deste artigo:

I - a Sociedade Anônima do Futebol sucede obrigatoriamente o clube ou pessoa jurídica original nas relações com as entidades de administração, bem como nas relações contratuais, de qualquer natureza, com atletas profissionais do futebol; e

II - a Sociedade Anônima do Futebol terá o direito de participar de campeonatos, copas ou torneios em substituição ao clube ou pessoa jurídica original, nas mesmas condições em que se encontravam no momento da sucessão, competindo às entidades de administração a devida substituição sem quaisquer prejuízos de ordem desportiva.

§ 2º Na hipótese do inciso II do *caput* deste artigo:

I - os direitos e deveres decorrentes de relações, de qualquer natureza, estabelecidos com o clube, pessoa jurídica original e entidades de administração, inclusive direitos de participação em competições profissionais, bem como contratos de trabalho, de uso de imagem ou quaisquer outros contratos vinculados à atividade do futebol serão obrigatoriamente transferidos à Sociedade Anônima do Futebol;

(...)

IV - a transferência dos direitos e do patrimônio para a Sociedade Anônima do Futebol independe de autorização ou consentimento de credores ou partes interessadas, inclusive aqueles de natureza pública, salvo se disposto de modo diverso em contrato ou outro negócio jurídico;

> (...)
>
> VI - o clube ou pessoa jurídica original não poderá participar, direta ou indiretamente, de competições profissionais do futebol, sendo a participação prerrogativa da Sociedade Anônima do Futebol por ele constituída; e
>
> (...)

Nesse contexto, apesar da cristalina definição sobre o que ocorre com as atividades relacionadas com o futebol após a consolidação da SAF, com a titularidade dos vínculos esportivos e os direitos de participação em competições, não há, no entanto, nada expresso acerca das conquistas esportivas anteriormente alcançadas pelo Clube Original.

Afinal, os títulos conquistados pelo Clube Original, também são sucedidos às SAF's?

A situação ganha em complexidade ao se pensar no papel dos atletas. Para ilustrar, tendo em vista os clubes que já se formalizaram como SAF, menciona-se o Botafogo como exemplo.

Tendo em vista que as atividades futebolísticas do clube foram integralmente transferidas à SAF, poderia se considerar, então, que o emblemático título do Campeonato Carioca de 1962 também pertence à sociedade empresária criada em 2022, e não ao centenário Botafogo de Futebol e Regatas?

Para, então, tornar ainda mais complexa a discussão, considerando todo o contexto envolvido, é possível considerar que aquele gol do Garrincha, na decisão contra o C. R. Flamengo, também é contabilizado pela SAF?

Ainda que a discussão possa, à primeira vista, parecer absolutamente abstrata e excessivamente formal, ao se analisar em termos práticos é possível compreender que sua complexidade é considerável.

Primeiramente, pois, caso se considere que o referido gol do Garrincha é também contabilizado pela SAF, como será possível justificar que um atleta fez um gol – ou, mesmo, entrou em campo – por uma entidade que nunca foi sua empregadora?

Ora, se a contabilização de títulos e vitórias, meramente de caráter numérico, aparentam ser facilmente sucedidas à nova sociedade, um ato personalíssimo como uma jogada ou um gol aparentam trazer maior dificuldade.

Por sua vez, mesmo ao considerar especificamente a questão dos títulos, há outra questão muitíssimo relevante a ser considerada.

Conforme mencionado, ainda que, em atendimento ao estabelecido pela Lei da SAF, a sucessão esportiva seja realizada do Clube Original à SAF sem qualquer impedimento, caso, por alguma razão, a nova entidade venha a deixar de existir, as atividades relacionadas ao futebol não são devolvidas ao Clube Original, tendo ele, portanto, que reiniciar sua trajetória esportiva através das competições estaduais.

No entanto, resta o questionamento acerca dos títulos. Seguindo a mesma lógica do direito a participar de competições, as conquistas esportivas também morrerão com a SAF, caso ela deixe de existir?

É evidente que todo clube que se propõe a realizar um processo de sucessão esportiva à SAF parte do pressuposto de promover uma revolução em sua estrutura. No entanto, será que todos estariam dispostos a, de fato, apostar todas as conquistas anteriores no projeto, caso esse fosse o entendimento cristalizado?

Ainda, como comentado anteriormente, não há nenhuma regulamentação acerca das consequências esportivas de uma falência da SAF. Nesse sentido, os títulos obtidos por ela seriam designados ao Clube Original? Também, como se daria um eventual processo de "refundação" de uma SAF por parte de um clube, após a eventual falência da "primeira SAF"?

Nesse espectro, portanto, não restam dúvidas que a questão prática das conquistas anteriores à SAF, bem como os efeitos decorrentes de uma eventual falência, carecem de maior debate, regulação e conceituação, diante de seu potencial de influenciar diretamente o processo decisório da viabilidade da sucessão esportiva.

## 7.3 As dívidas e punições esportivas e o processo de sucessão esportiva

Diferentemente do modelo em que o clube, desde sua origem, é constituído como SAF, ou daquele em que os clubes se transformam ou se convertem integralmente em uma, é inegável que nos casos em que ocorra a separação do departamento de futebol, ou o *dropdown* de ativos, a complexidade envolvida, nesse espectro, se torna maior, vez que uma entidade preexistente no universo do futebol deixa de ser ativa, para dar lugar a outra, mas não deixa de existir no "mundo real".

Nesse sentido, não raras são as hipóteses em que, no momento que pleiteia a sucessão esportiva, o Clube Original se encontre com débitos em aberto no âmbito desportivo, tais como, mas não limitado a taxa de filiação, taxa de cadastramento anual, multas administrativas, antecipações de cotas ou mesmo empréstimos angariados diretamente com as entidades de administração do desporto.

Por sua vez, também são possíveis as pendências de cumprimento de punições no âmbito da Justiça Desportiva, que podem variar desde penas pecuniárias ou até mesmo de natureza absolutamente esportiva, como a punição de perda de mando de campo ou de disputa de partidas sem a presença de público.

Ainda, para completar, devem ser mencionadas as contendas de cunho não estritamente desportivo, mas de obrigatória relação com o futebol, que são apreciados e decididos tanto pela Câmara Nacional de Resolução de Disputas, da CBF, quanto pelo *FIFA Football Tribunal*, que podem trazer repercussões pecuniárias aos clubes, através de condenações, que, caso não cumpridas, podem resultar em punições esportivas como, a depender do órgão julgador, a proibição do registro de novos atletas (*transfer ban*), perda de pontos na competição nacional ou mesmo rebaixamento.

Nesse cenário, tendo em vista que todas as obrigações são impostas por órgãos do sistema organizado do futebol associado, independentemente de sua natureza, caso anteriormente recaíssem no Clube Original, como ficarão no processo de sucessão esportiva?

Ainda que, novamente, frisando, sejam de natureza absolutamente distinta entre si, é possível, da análise da própria letra da lei e de regulamentos das entidades de administração do desporto, chegar em uma resposta no plano prático.

Assim sendo, cabe, mais uma vez, analisar um recorte da redação do artigo 2º da Lei da SAF[156]:

156 BRASIL. Lei nº 14.193, de 06 de agosto de 2021. Institui a Sociedade Anônima do Futebol e dispõe sobre normas de constituição, governança, controle e transparência, meios de financiamento da atividade futebolística, tratamento dos passivos das entidades de práticas desportivas e regime tributário específico; e altera as Leis 9.615, de 24 de março de 1998, e 10.406, de 10 de janeiro de 2002 (Código

> Art. 2º - A Sociedade Anônima do Futebol pode ser constituída:
>
> II - pela cisão do departamento de futebol do clube ou pessoa jurídica original e transferência do seu patrimônio relacionado à atividade futebol;
>
> § 1º Nas hipóteses dos incisos I e II do *caput* deste artigo:
>
> I - a Sociedade Anônima do Futebol **sucede obrigatoriamente o clube ou pessoa jurídica original nas relações com as entidades de administração**, bem como nas relações contratuais, de qualquer natureza, com atletas profissionais do futebol; e
>
> II - a Sociedade Anônima do Futebol terá o direito de participar de campeonatos, copas ou torneios em substituição ao clube ou pessoa jurídica original, **nas mesmas condições em que se encontravam no momento da sucessão,** competindo às entidades de administração a devida substituição sem quaisquer prejuízos de ordem desportiva. (grifo nosso)

Mesmo sem, de início, se socorrer da regulamentação privada do futebol, a própria Lei da SAF apresenta indícios para afastar qualquer questionamento, justamente nos trechos grifados.

Ora, o inciso I, em análise cuidadosa, parece ser claro ao estabelecer que a SAF sucederá o Clube Original "nas relações com as entidades de administração" do desporto, sem qualquer limitação ou requisito. Ou seja, a SAF assumirá o papel em todas as relações preexistentes com as entidades de administração do desporto, inclusive com pendências financeiras administrativas, decisões dos órgãos de resolução de conflitos ou punições no âmbito da Justiça Desportiva.

No mesmo sentido, dispõe inciso II do artigo. O Legislador, intencionalmente, estabelece que a SAF substituirá o Clube Original "nas mesmas condições em que se encontravam no momento da sucessão". Assim sendo, considerando que a SAF deve assumir as condições esportivas do Clube Original nas exatas mesmas condições em que se encontravam no

Civil). Diário Oficial, Brasília, DF, 06 agosto 2021. Disponível em: http://www.planalto.gov.br/ccivil_03/_Ato2019-2022/2021/Lei/L14193.htm.Acesso em: 11 jul. 2022.

momento da sucessão, não parece razoável, na prática, que, caso o Clube Original, por exemplo, estivesse com *transfer ban* vigente imposto pela CNRD, a SAF não esteja. Ou, então, na mesma linha, se o Clube Original estivesse cumprindo punição de partidas sem a presença de público, não parece haver justificativa para a SAF não cumprir.

Por sua vez, importa mencionar a disposição presente no artigo 25 do FIFA RSTP[157]:

> 25. Aplicação das decisões
>
> 1. O sucessor esportivo do clube com débitos será considerado titular em si débito proveniente de decisão ou notificação emitida pelo Football Tribunal. O critério para definir se a entidade esportiva é o sucessor esportivo de outra entidade é, entre outros, a localização da sede, o nome, a estrutura jurídica, as cores do clube, os atletas, acionistas ou proprietários e a categoria esportiva[158]

Disposição semelhante se encontra na regulamentação da sucessão esportiva da CBF.

Diante do cenário posto, parece lógica a conclusão de que, ao menos especificamente em matérias relacionadas ao futebol, absolutamente toda a estrutura do Clube Original é, por completo e sem exceção, transferida à SAF, incluindo as pendências, demandas e punições decorrentes das atividades futebolísticas. Não faria sentido, pois, a ordem esportiva permitir um procedimento que atentasse contra seus próprios princípios.

---

157 FIFA. Regulations on the Status and Transfer of Players, 2022. Zurique, jul. 2022. Disponível em: https://digitalhub.fifa.com/m/cb37201b05fe8f7/original/Regulations-on-the-Status-and-Transfer-of-Players-July- 2022-edition.pdf. Acesso em: 10 ago. 2022.

158 Do original:
*25. Implementation of decisions and confirmation letters*
*1. The sporting successor of a debtor shall be considered the debtor and be subject to any decision or confirmation letter issued by the Football Tribunal. The criteria to assess whether an entity is the sporting successor of another entity are, among others, its headquarters, name, legal form, team colours, players, shareholders or stakeholders or ownership and the category of competition.*

Ainda assim, dos três meros exemplos levantados nessa passagem, resta evidente que é amplo o plano de aspectos que ainda estão pendentes de regulamentação em relação ao processo de sucessão esportiva em forma de SAF.

No entanto, como adiantado, a prática corrente, com respaldo das entidades de administração do desporto, as novas SAF's estão consolidando o procedimento, na prática, para melhor adequação do procedimento no futebol brasileiro.

Cabe à Academia seguir acompanhando para compreender as nuances do procedimento, bem como constantemente, propor melhorias em prol da administração do futebol brasileiro.

## CAPÍTULO 8

# DA SUCESSÃO ESPORTIVA

Conforme previsto pela Lei Federal nº 14.193/2021, existem, em síntese, três maneiras de se constituir uma SAF no futebol organizado nacional.

A primeira, de diminuta relevância ao presente capítulo, ocorre por meio da constituição de um clube desde o princípio organizado na forma de SAF. São casos de novos clubes, fundados após a promulgação da legislação específica, que desde o princípio estiveram dessa maneira organizados.

A segunda, por sua vez, se formaliza pela completa transformação de um clube, organizado como associação sem fins lucrativos ou sociedade privada, em SAF. Nesse caso, por o procedimento não deixar qualquer resquício do Clube Original, não existe uma sucessão esportiva, mas, sim, uma transformação completa de um clube, em outro.

Por fim, existe, ainda, a formalização da SAF por meio da cisão do departamento de futebol do Clube Original e transferência do seu patrimônio relacionado à atividade futebol, ou pelo *dropdown* de ativos do Clube Original na SAF, tais como, por exemplo, nome, marca, dísticos, símbolos, propriedades, patrimônio, ativos imobilizados e mobilizados, inclusive registros, licenças, direitos desportivos sobre atletas e sua repercussão econômica.

Nesse cenário, importa notar, um Clube Original já existe, constituído em outra forma que em SAF, e que, mesmo após a criação da nova entidade, em forma de SAF, não deixa de existir. A legislação, por sua vez, garante que a SAF terá o direito de participar de campeonatos, copas ou torneios em substituição ao Clube Original, devendo ocorrer a substituição entre eles pela entidade de administração do futebol, sem qualquer prejuízo de ordem desportiva.

É nesse contexto, portanto, que se torna imprescindível a sucessão esportiva do Clube Original à SAF. Após a regularização da filiação da SAF com sua respectiva federação estadual, bem como seu cadastro junto à Confederação Brasileira de Futebol, toda a estrutura real e abstrata do futebol deverá ser transferida do Clube Original à SAF.

Enquanto, por um lado, entende-se por "estrutura real" todos os vínculos desportivos entre os atletas e a comissão técnica do futebol, por outro, por "estrutura abstrata" se compreende tanto o direito de participar nas competições quanto o mérito esportivo das conquistas do Clube Original.

Em síntese, a SAF assume a *persona* do Clube Original em tudo que diz respeito ao futebol, sem, no entanto, o Clube Original deixar de existir.

Por se tratar de instituições que fazem parte do futebol organizado, é natural que também seja necessário o procedimento administrativo de sucessão esportiva através das entidades de administração do futebol, ou, no caso concreto, as federações estaduais, a CBF, a CONMEBOL e a FIFA.

Nesse cenário, o processo de "transferência" das atividades organizadas do futebol, do Clube Original para a SAF, é denominado Sucessão Esportiva. Ela deverá ocorrer sempre que houver a manutenção do Clube Original, com a necessidade das atividades relacionadas ao futebol sendo desempenhadas pela SAF.

Por conta da estrutura da pirâmide associativa, um clube brasileiro deverá regularizar sua estrutura jurídica com a respectiva sucessão esportiva em sua respectiva federação, na CBF, na CONMEBOL e FIFA.

Na sequência, serão ilustrados, em termos práticos, como esse procedimento ocorre em cada entidade de organização do futebol.

## *8.1 Federações Estaduais*

Por conta do processo histórico de desenvolvimento da modalidade no país, no Brasil se consolidou a presença das federações, que representam a atividade do futebol nos 26 estados e distrito federal.

O processo de filiação de clubes no país é de incumbências das federações. Sendo assim, todo clube que deseja fazer parte do futebol organizado brasileiro deve buscar a Federação correspondente ao seu estado, ou distrito federal, para se filiar.

Nesse sentido, a entidade que está filiada à Federação é o Clube Original. Com a constituição da SAF, portanto, para se iniciar o processo de sucessão esportiva, o primeiro passo a ser dado pela SAF é a regularização da filiação.

Conforme estabelecido pelo Estatuto da CBF[159], as federações possuem autonomia de atuação dentro de sua jurisdição. Nesse sentido, cada federação possui a competência para definir os requisitos para a filiação de novos clubes.

Portanto, o primeiro reconhecimento que a SAF deve realizar no processo de sucessão esportiva, é o de regularização de filiação junto à federação, que terá repercussões distintas a depender do local em que o clube estiver sediado.

## *8.2 Confederação Brasileira de Futebol*

Sendo o órgão máximo da organização do futebol no país, é evidente que a SAF deverá realizar a sucessão esportiva no âmbito da CBF.

O processo de sucessão esportiva poderá ser realizado em qualquer momento da temporada, sendo de inteira responsabilidade do clube zelar pela condição de jogo de seus atletas.

No processo, a CBF exige que o clube encaminhe uma relação de documentos que inclui a declaração de regularidade de filiação firmada pela federação, ratificada por seu departamento jurídico, certidão de quitação de débitos e dívidas com a Federação e CBF, os atos constitutivos e cartão CNPJ da nova instituição, os atos constitutivos do Clube Original, além dos atos que aprovaram a sucessão esportiva acompanhados das comprovações de que os indivíduos que a aprovaram detinham poder para isso.

Com a aprovação, todas as atividades relacionadas ao futebol, tanto da estrutura real quanto da abstrata, serão consideradas como pertencentes à SAF, pela CBF.

Importa mencionar, também, que todos os débitos e punições relativos ao Clube Original também serão sucedidos à SAF, inclusive no que se

159 CBF. *Estatuto da Confederação Brasileira de Futebol 2017*. Rio de Janeiro, 23 mar. 2017. Disponível em: https://conteudo.cbf.com.br/cdn/201904/20190409135630_807.pdf. Acesso em 28 jul. 2022.

refere aos procedimentos pendentes e sentenciados da Câmara Nacional de Resolução de Disputas da CBF.

Por fim, fazendo justiça ao termo "sucessão", a CBF determina que a partir do momento em que ocorre a sucessão esportiva, tenha a SAF sido desconstituída ou não, as condições esportivas não retornarão ao Clube Original. Sendo assim, nesse cenário o Clube Original terá que reconquistar sua posição nas competições nacionais através do futebol local.

## *8.3 CONMEBOL*

O procedimento de sucessão esportiva para SAF na CONMEBOL é consideravelmente mais simples em comparação com as federações e a CBF.

Como se sabe, os clubes não possuem uma relação direta com a CONMEBOL. É através das dez associações nacionais que a confederação continental mantém sua conexão com os clubes.

Nesse sentido, cabe à CBF informar à CONMEBOL sobre a regularização do clube no âmbito nacional, solicitando seu reflexo na estrutura continental. Em regra, com a ratificação da associação nacional, a sucessão esportiva da SAF no âmbito da CONMEBOL ocorre instantaneamente.

Assim como ocorre no âmbito nacional, eventuais punições impostas pelo Tribunal Disciplinar da CONMEBOL também são sucedidas à SAF.

## *8.4 FIFA*

A FIFA, como não poderia ser diferente, por ser a entidade máxima do futebol, não possui condições de administrar a estrutura jurídica de cada um dos milhares de clubes de futebol espalhados por todos os continentes do planeta.

No entanto, possui como grande trunfo um instrumento tecnológico denominado *"FIFA Connect System"*, que conecta, digitalmente, a entidade às associações nacionais.

Nesse sentido, no caso brasileiro, no mesmo dia em que ocorrer a sucessão esportiva no Sistema Gestão Web, sistema utilizado para a gestão do registro de atletas no futebol brasileiro, o *Connect System* refletirá a sucessão para o *FIFA Transfer Matching System*. Sendo assim, estará a FIFA, quase que em tempo real, atualizada com as sucessões esportivas no futebol brasileiro.

Ainda, para além do reconhecimento da Sucessão, a FIFA possui um procedimento definido para as dívidas e procedimentos em face de clubes originais. Assim dispõe o *Regulations on the Status and Transfer of Players* vigente:

> *25 Implementation of decisions and confirmation letters*
>
> *1. The sporting successor of a debtor shall be considered the debtor and be subject to any decision or confirmation letter issued by the Football Tribunal. The criteria to assess whether an entity is the sporting successor of another entity are, among others, its headquarters, name, legal form, team colours, players, shareholders or stakeholders or ownership and the category of competition*[160].

Portanto, é o RSTP que estabelece a base para o estabelecimento da sucessão dos procedimentos e pendências juntamente com as demais repercussões diretamente relacionadas ao futebol.

160 FIFA. Regulations on the Status and Transfer of Players. Zurique, jul. 20122. Disponível em: https://digitalhub.fifa.com/m/cb37201b05fe8f7/original/Regulations-on-the-Status-and-Transfer-of-Players-July- 2022-edition.pdf. Acesso em 28 jul. 2022.

# CONCLUSÃO

O futebol possui muitas facetas. Pode ser sinônimo de saúde para quem pratica, carreira para quem com ele trabalha e lazer para quem o acompanha. Sonho para uns, identidade cultural para outros e paixão para muitos. É o maior fenômeno social da história contemporânea.

Dentre suas diversas facetas, é inegável que o prisma econômico progressivamente amplia sua relevância no mundo globalizado.

Por sua vez, os clubes são a alma e o coração do futebol, modalidade coletiva entre eles disputada. Assim sendo, é natural que suas transformações, via de regra, sejam projetadas e formuladas sob essa perspectiva.

No caso brasileiro, a Lei da SAF é resultado da evolução tanto legislativa quanto da complexidade estrutural dos clubes, se materializando para ocupar o vácuo da ausência de uma estrutura jurídica específica para o futebol, tão desejada pelo ambiente esportivo nacional como um todo.

Ao passo que a estrutura na forma de associação sem fins lucrativos, presente na esmagadora maioria dos clubes nacionais, por vezes, parecia não permitir, em alguns casos, que os clubes atingissem seu máximo potencial de desenvolvimento, as estruturas por vezes arcaicas ou demasiadamente generalistas não se mostravam suficientemente adequadas para a especificidade do ambiente do futebol.

A proposta da SAF, por sua vez, possui como um de seus grandes trunfos o fato de que, ao contrário de projetos anteriores, destacando-se, inclusive, a Lei Pelé original, e respeitando o preceito constitucional consagrado pelo artigo 217, se consolida como uma alternativa, não uma solução e muito menos uma obrigação.

Os clubes brasileiros foram os maiores vencedores da promulgação da Lei da SAF. Foram eles que ganharam o direito de optar por mais uma forma de estrutura jurídica, especialmente formulada para atender as demandas do contexto esportivo.

É dessa maneira, pois, que deve a SAF ser compreendida, como uma oportunidade para, se assim desejar, o clube que entenda ser essa a melhor opção para suas características particulares, se aproveitar.

No entanto, conforme amplamente debatido no decorrer de toda a obra, a Lei da SAF não é, e jamais deve ser assim compreendida, por si só, uma revolução da profissionalização do futebol brasileiro.

Independente da estrutura jurídica adotada, o desenvolvimento do futebol brasileiro depende, fatalmente, do aperfeiçoamento da gestão de seus clubes, com a adoção de políticas de boa gestão e conformidade, com o investimento adequado em áreas estratégicas de sua administração.

Por sua vez, como não poderia ser diferente, a Academia deve acompanhar as complexas relações que envolvem o futebol, buscando alternativas aos desafios enfrentados no mundo da bola.

Nesse ínterim, com pouco mais de um ano da entrada em vigor da Lei Federal nº 14.193/2021, ainda não é possível – ou, ao menos, razoável – promover um balanço adequado acerca dos resultados da SAF no país. No entanto, também seria desonestidade intelectual não destacar seus resultados até então obtidos, com a adesão de clubes de grande relevância no cenário nacional, além da, ao menos inicialmente, boa aceitação por grande parte de seus torcedores.

Assim sendo, é seguro dizer que a SAF caminha a passos largos para se consolidar como um dos caminhos naturais que clubes brasileiros seguirão com o objetivo de promover a boa gestão e alcançar os resultados esportivos pretendidos.

Bem como dentro das quatro linhas, o mercado global do futebol é marcado pela competitividade e dinamismo. O futebol brasileiro, como um todo, deve estar atento às demandas do presente para proporcionar, ao futebol de amanhã, o mesmo sucesso que vem tendo há mais de 120 anos.

# ANEXO I
# Lei nº 14.193, de 06 de agosto de 2021

*Institui a Sociedade Anônima do Futebol e dispõe sobre normas de constituição, governança, controle e transparência, meios de financiamento da atividade futebolística, tratamento dos passivos das entidades de práticas desportivas e regime tributário específico; e altera as Leis 9.615, de 24 de março de 1998, e 10.406, de 10 de janeiro de 2002 (Código Civil).*

**O PRESIDENTE DA REPÚBLICA** Faço saber que o Congresso Nacional decreta e eu sanciono a seguinte Lei:

## CAPÍTULO I

## DA SOCIEDADE ANÔNIMA DO FUTEBOL

### Seção I

### Disposições Introdutórias

Art. 1º Constitui Sociedade Anônima do Futebol a companhia cuja atividade principal consiste na prática do futebol, feminino e masculino, em competição profissional, sujeita às regras específicas desta Lei e, subsidiariamente, às disposições da Lei nº 6.404, de 15 de dezembro de 1976, e da Lei nº 9.615, de 24 de março de 1998.

§ 1º Para os fins desta Lei, considera-se:

I - clube: associação civil, regida pela Lei nº 10.406, de 10 de janeiro de 2002 (Código Civil), dedicada ao fomento e à prática do futebol;

II - pessoa jurídica original: sociedade empresarial dedicada ao fomento e à prática do futebol; e
III - entidade de administração: confederação, federação ou liga, com previsão na Lei nº 9.615, de 24 de março de 1998, que administra, dirige, regulamenta ou organiza competição profissional de futebol.

§ 2º O objeto social da Sociedade Anônima do Futebol poderá compreender as seguintes atividades:

I - o fomento e o desenvolvimento de atividades relacionadas com a prática do futebol, obrigatoriamente nas suas modalidades feminino e masculino;
II - a formação de atleta profissional de futebol, nas modalidades feminino e masculino, e a obtenção de receitas decorrentes da transação dos seus direitos desportivos;
III - a exploração, sob qualquer forma, dos direitos de propriedade intelectual de sua titularidade ou dos quais seja cessionária, incluídos os cedidos pelo clube ou pessoa jurídica original que a constituiu;
IV - a exploração de direitos de propriedade intelectual de terceiros, relacionados ao futebol;
V - a exploração econômica de ativos, inclusive imobiliários, sobre os quais detenha direitos;
VI - quaisquer outras atividades conexas ao futebol e ao patrimônio da Sociedade Anônima do Futebol, incluída a organização de espetáculos esportivos, sociais ou culturais;
VII - a participação em outra sociedade, como sócio ou acionista, no território nacional, cujo objeto seja uma ou mais das atividades mencionadas nos incisos deste parágrafo, com exceção do inciso II.

§ 3º A denominação da Sociedade Anônima do Futebol deve conter a expressão "Sociedade Anônima do Futebol" ou a abreviatura "S.A.F.".

§ 4º Para os efeitos da Lei nº 9.615, de 24 de março de 1998, a Sociedade Anônima do Futebol é uma entidade de prática desportiva.

## Seção II

## Da Constituição da Sociedade Anônima do Futebol

Art. 2º A Sociedade Anônima do Futebol pode ser constituída:

I - pela transformação do clube ou pessoa jurídica original em Sociedade Anônima do Futebol;
II - pela cisão do departamento de futebol do clube ou pessoa jurídica original e transferência do seu patrimônio relacionado à atividade futebol;
III - pela iniciativa de pessoa natural ou jurídica ou de fundo de investimento.

§ 1º Nas hipóteses dos incisos I e II do *caput* deste artigo:

IV - a Sociedade Anônima do Futebol sucede obrigatoriamente o clube ou pessoa jurídica original nas relações com as entidades de administração, bem como nas relações contratuais, de qualquer natureza, com atletas profissionais do futebol; e
V - a Sociedade Anônima do Futebol terá o direito de participar de campeonatos, copas ou torneios em substituição ao clube ou pessoa jurídica original, nas mesmas condições em que se encontravam no momento da sucessão, competindo às entidades de administração a devida substituição sem quaisquer prejuízos de ordem desportiva.

§ 2º Na hipótese do inciso II do *caput* deste artigo:

I - os direitos e deveres decorrentes de relações, de qualquer natureza, estabelecidos com o clube, pessoa jurídica original e entidades de administração, inclusive direitos de participação em competições profissionais, bem como contratos de trabalho, de uso de imagem ou quaisquer outros contratos vinculados à atividade do futebol serão obrigatoriamente transferidos à Sociedade Anônima do Futebol;

II - o clube ou pessoa jurídica original e a Sociedade Anônima do Futebol deverão contratar, na data de constituição desta, a utilização e o pagamento de remuneração decorrente da exploração pela Sociedade Anônima do Futebol de direitos de propriedade intelectual de titularidade do clube ou pessoa jurídica original;

III - os bens e direitos serão transferidos à Sociedade Anônima do Futebol em definitivo ou a termo, conforme estabelecido em contrato;

IV - a transferência dos direitos e do patrimônio para a Sociedade Anônima do Futebol independe de autorização ou consentimento de credores ou partes interessadas, inclusive aqueles de natureza pública, salvo se disposto de modo diverso em contrato ou outro negócio jurídico;

V - se as instalações desportivas, como estádio, arena e centro de treinamento, não forem transferidas para a Sociedade Anônima do Futebol, o clube ou pessoa jurídica original e a Sociedade Anônima do Futebol deverão celebrar, na data de constituição desta, contrato no qual se estabelecerão as condições para utilização das instalações;

VI - o clube ou pessoa jurídica original não poderá participar, direta ou indiretamente, de competições profissionais do futebol, sendo a participação prerrogativa da Sociedade Anônima do Futebol por ele constituída; e

VII - a Sociedade Anônima do Futebol emitirá obrigatoriamente ações ordinárias da classe A para subscrição exclusivamente pelo clube ou pessoa jurídica original que a constituiu.

§ 3º Enquanto as ações ordinárias da classe A corresponderem a pelo menos 10% (dez por cento) do capital social votante ou do capital social total, o voto afirmativo do seu titular no âmbito da assembleia geral será condição necessária para a Sociedade Anônima do Futebol deliberar sobre:

I - alienação, oneração, cessão, conferência, doação ou disposição de qualquer bem imobiliário ou de direito de propriedade intelectual conferido pelo clube ou pessoa jurídica original para formação do capital social;

II - qualquer ato de reorganização societária ou empresarial, como fusão, cisão, incorporação de ações, incorporação de outra sociedade ou trespasse;
III - dissolução, liquidação e extinção; e
IV - participação em competição desportiva sobre a qual dispõe o art. 20 da Lei nº 9.615, de 24 de março de 1998.

§ 4º Além de outras matérias previstas no estatuto da Sociedade Anônima do Futebol, depende da concordância do titular das ações ordinárias da classe A, independentemente do percentual da participação no capital votante ou social, a deliberação, em qualquer órgão societário, sobre as seguintes matérias:

I - alteração da denominação;
II - modificação dos signos identificativos da equipe de futebol profissional, incluídos símbolo, brasão, marca, alcunha, hino e cores; e
III - mudança da sede para outro Município.

§ 5º O estatuto da Sociedade Anônima do Futebol constituída por clube ou pessoa jurídica original pode prever outros direitos para o titular das ações ordinárias da classe A.

§ 6º Depende de aprovação prévia do clube ou pessoa jurídica original, que é titular de ações ordinárias da classe A, qualquer alteração no estatuto da Sociedade Anônima do Futebol para modificar, restringir ou subtrair os direitos conferidos por essa classe de ações, ou para extinguir a ação ordinária da classe A.

Art. 3º O clube ou pessoa jurídica original poderá integralizar a sua parcela ao capital social na Sociedade Anônima do Futebol por meio da transferência à companhia de seus ativos, tais como, mas não exclusivamente, nome, marca, dísticos, símbolos, propriedades, patrimônio, ativos imobilizados e mobilizados, inclusive registros, licenças, direitos desportivos sobre atletas e sua repercussão econômica.

Parágrafo único. Enquanto o clube ou pessoa jurídica original registrar, em suas demonstrações financeiras, obrigações anteriores à constituição da companhia, será vedada:

I - a transferência ou alienação do seu ativo imobilizado que contenha gravame ou tenha sido dado em garantia, exceto mediante autorização do respectivo credor;
II - o desfazimento da sua participação acionária na integralidade.

## Seção III

## Da Governança da Sociedade Anônima do Futebol

Art. 4º O acionista controlador da Sociedade Anônima do Futebol, individual ou integrante de acordo de controle, não poderá deter participação, direta ou indireta, em outra Sociedade Anônima do Futebol.

Parágrafo único. O acionista que detiver 10% (dez por cento) ou mais do capital votante ou total da Sociedade Anônima do Futebol, sem a controlar, se participar do capital social de outra Sociedade Anônima do Futebol, não terá direito a voz nem a voto nas assembleias gerais, nem poderá participar da administração dessas companhias, diretamente ou por pessoa por ele indicada.

Art. 5º Na Sociedade Anônima do Futebol, o conselho de administração e o conselho fiscal são órgãos de existência obrigatória e funcionamento permanente.

§ 1º Não poderá ser integrante do conselho de administração, conselho fiscal ou diretoria da Sociedade Anônima do Futebol:

I - membro de qualquer órgão de administração, deliberação ou fiscalização, bem como de órgão executivo, de outra Sociedade Anônima do Futebol;

II - membro de qualquer órgão de administração, deliberação ou fiscalização, bem como de órgão executivo, de clube ou pessoa jurídica original, salvo daquele que deu origem ou constituiu a Sociedade Anônima do Futebol;

III - membro de órgão de administração, deliberação ou fiscalização, bem como de órgão executivo, de entidade de administração;

IV - atleta profissional de futebol com contrato de trabalho desportivo vigente;

V - treinador de futebol em atividade com contrato celebrado com clube, pessoa jurídica original ou Sociedade Anônima do Futebol; e

VI - árbitro de futebol em atividade.

§ 2º O estatuto da Sociedade Anônima do Futebol poderá estabelecer outros requisitos necessários à eleição para o conselho de administração.

§ 3º Não poderá receber nenhuma remuneração o membro do conselho de administração que cumulativamente for associado e integrar qualquer órgão, eletivo ou não, de administração, deliberação ou fiscalização do clube ou pessoa jurídica original enquanto esse for acionista da respectiva Sociedade Anônima do Futebol.

§ 4º Não poderá ser eleito para o conselho fiscal ou para a diretoria o empregado ou membro de qualquer órgão, eletivo ou não, de administração, deliberação ou fiscalização do clube ou pessoa jurídica original enquanto esse for acionista da respectiva Sociedade Anônima do Futebol.

§ 5º Os diretores deverão ter dedicação exclusiva à administração da Sociedade Anônima do Futebol, observados, se houver, os critérios estabelecidos no estatuto.

Art. 6º A pessoa jurídica que detiver participação igual ou superior a 5% (cinco por cento) do capital social da Sociedade Anônima do Futebol deverá informar a esta, assim como à entidade nacional de administração do desporto, o nome, a qualificação, o endereço e os dados de contato da pessoa natural que, direta ou indiretamente, exerça o seu controle ou que seja a beneficiária final, sob pena de suspensão dos direitos políticos e retenção dos dividendos, dos juros sobre o capital próprio ou de outra forma de remuneração declarados, até o cumprimento desse dever.

Parágrafo único. (VETADO).

Art. 7º A Sociedade Anônima do Futebol que tiver receita bruta anual de até R$ 78.000.000,00 (setenta e oito milhões de reais) poderá realizar todas as publicações obrigatórias por lei de forma eletrônica, incluídas as convocações, atas e demonstrações financeiras, e deverá mantê-las, no próprio sítio eletrônico, durante o prazo de 10 (dez) anos.

Art. 8º A Sociedade Anônima do Futebol manterá em seu sítio eletrônico:

I - (VETADO);
II - o estatuto social e as atas das assembleias gerais;
III - a composição e a biografia dos membros do conselho de administração, do conselho fiscal e da diretoria; e
IV - o relatório da administração sobre os negócios sociais, incluído o Programa de Desenvolvimento Educacional e Social, e os principais fatos administrativos.

§ 1º As informações listadas no *caput* deste artigo deverão ser atualizadas mensalmente.

§ 2º Os administradores da Sociedade Anônima do Futebol respondem pessoalmente pela inobservância do disposto neste artigo.

§ 3º O clube ou pessoa jurídica original que esteja em recuperação judicial, extrajudicial ou no Regime Centralizado de Execuções, a que se refere esta Lei, deverá manter em seu sítio eletrônico relação ordenada de seus credores, atualizada mensalmente.

§ 4º Os administradores do clube ou pessoa jurídica original respondem pessoalmente pela inobservância do disposto no § 3º deste artigo.

## Seção IV

## Das Obrigações da Sociedade Anônima do Futebol

Art. 9º A Sociedade Anônima do Futebol não responde pelas obrigações do clube ou pessoa jurídica original que a constituiu, anteriores ou posteriores à data de sua constituição, exceto quanto às atividades específicas do seu objeto social, e responde pelas obrigações que lhe forem transferidas conforme disposto no § 2º do art. 2º desta Lei, cujo pagamento aos credores se limitará à forma estabelecida no art. 10 desta Lei.

Parágrafo único. Com relação à dívida trabalhista, integram o rol dos credores mencionados no *caput* deste artigo os atletas, membros da comissão técnica e funcionários cuja atividade principal seja vinculada diretamente ao departamento de futebol.

Art. 10. O clube ou pessoa jurídica original é responsável pelo pagamento das obrigações anteriores à constituição da Sociedade Anônima do Futebol, por meio de receitas próprias e das seguintes receitas que lhe serão transferidas pela Sociedade Anônima do Futebol, quando constituída exclusivamente:

I - por destinação de 20% (vinte por cento) das receitas correntes mensais auferidas pela Sociedade Anônima do Futebol, conforme plano aprovado pelos credores, nos termos do inciso I do *caput* do art. 13 desta Lei;

II - por destinação de 50% (cinquenta por cento) dos dividendos, dos juros sobre o capital próprio ou de outra remuneração recebida desta, na condição de acionista.

Art. 11. Sem prejuízo das disposições relativas à responsabilidade dos dirigentes previstas no art. 18-B da Lei nº 9.615, de 24 de março de 1998, os administradores da Sociedade Anônima do Futebol respondem pessoal e solidariamente pelas obrigações relativas aos repasses financeiros definidos no art. 10 desta Lei, assim como respondem, pessoal e solidariamente, o presidente do clube ou os sócios administradores da pessoa jurídica original pelo pagamento aos credores dos valores que forem transferidos pela Sociedade Anônima do Futebol, conforme estabelecido nesta Lei.

Art. 12. Enquanto a Sociedade Anônima do Futebol cumprir os pagamentos previstos nesta Seção, é vedada qualquer forma de constrição ao patrimônio ou às receitas, por penhora ou ordem de bloqueio de valores de qualquer natureza ou espécie sobre as suas receitas, com relação às obrigações anteriores à constituição da Sociedade Anônima do Futebol.

## Seção V

## Do Modo de Quitação das Obrigações

Art. 13. O clube ou pessoa jurídica original poderá efetuar o pagamento das obrigações diretamente aos seus credores, ou a seu exclusivo critério:

I - pelo concurso de credores, por intermédio do Regime Centralizado de Execuções previsto nesta Lei; ou

II - por meio de recuperação judicial ou extrajudicial, nos termos da Lei nº 11.101, de 9 de fevereiro de 2005.

### Subseção I

### Do Regime Centralizado de Execuções

Art. 14. O clube ou pessoa jurídica original que optar pela alternativa do inciso I do *caput* do art. 13 desta Lei submeter-se-á ao concurso de credores por meio do Regime Centralizado de Execuções, que consistirá em concentrar no juízo centralizador as execuções, as suas receitas e os valores arrecadados na forma do art. 10 desta Lei, bem como a distribuição desses valores aos credores em concurso e de forma ordenada.

§ 1º Na hipótese de inexistência de órgão de centralização de execuções no âmbito do Judiciário, o juízo centralizador será aquele que tiver ordenado o pagamento da dívida em primeiro lugar.

§ 2º O requerimento deverá ser apresentado pelo clube ou pessoa jurídica original e será concedido pelo Presidente do Tribunal Regional do Trabalho, quanto às dívidas trabalhistas, e pelo Presidente do Tribunal de Justiça, quanto às dívidas de natureza civil, observados os requisitos de apresentação do plano de credores, conforme disposto no art. 16 desta Lei.

Art. 15. O Poder Judiciário disciplinará o Regime Centralizado de Execuções, por meio de ato próprio dos seus tribunais, e conferirá o prazo de 6 (seis) anos para pagamento dos credores.

§ 1º Na ausência da regulamentação prevista no *caput* deste artigo, competirá ao Tribunal Superior respectivo suprir a omissão.

§ 2º Se o clube ou pessoa jurídica original comprovar a adimplência de ao menos 60% (sessenta por cento) do seu passivo original ao final do prazo previsto no caput deste artigo, será permitida a prorrogação do Regime Centralizado de Execuções por mais 4 (quatro) anos, período em que o percentual a que se refere o inciso I do *caput* do art. 10 desta Lei poderá, a pedido do interessado, ser reduzido pelo juízo centralizador das execuções a 15% (quinze por cento) das suas receitas correntes mensais.

Art. 16. Ao clube ou pessoa jurídica original que requerer a centralização das suas execuções será concedido o prazo de até 60 (sessenta) dias para apresentação do seu plano de credores, que deverá conter obrigatoriamente os seguintes documentos:

I - o balanço patrimonial;
II - as demonstrações contábeis relativas aos 3 (três) últimos exercícios sociais;
III - as obrigações consolidadas em execução e a estimativa auditada das suas dívidas ainda em fase de conhecimento;

IV - o fluxo de caixa e a sua projeção de 3 (três) anos; e
V - o termo de compromisso de controle orçamentário.

Parágrafo único. Os clubes e as pessoas jurídicas originais deverão fornecer ao juízo centralizador e publicar em sítio eletrônico próprio as seguintes informações:

I - os documentos exigidos nos incisos III, IV e V do *caput* deste artigo;
II - a ordem da fila de credores com seus respectivos valores individualizados e atualizados; e
III - os pagamentos efetuados no período.

Art. 17. No Regime Centralizado de Execuções, consideram-se credores preferenciais, para ordenação do pagamento:

I - idosos, nos termos da Lei nº 10.741, de 1º de outubro de 2003 (Estatuto do Idoso);
II - pessoas com doenças graves;
III - pessoas cujos créditos de natureza salarial sejam inferiores a 60 (sessenta) salários-mínimos;
IV - gestantes;
V - pessoas vítimas de acidente de trabalho oriundo da relação de trabalho com o clube ou pessoa jurídica original;
VI - credores com os quais haja acordo que preveja redução da dívida original em pelo menos 30% (trinta por cento).

Parágrafo único. Na hipótese de concorrência entre os créditos, os processos mais antigos terão preferência.

Art. 18. O pagamento das obrigações previstas no art. 10 desta Lei privilegiará os créditos trabalhistas, e cumprirá ao plano de pagamento dos credores, apresentado pelo clube ou pessoa jurídica original, definir a sua destinação.

Parágrafo único. A partir da centralização das execuções, as dívidas de natureza cível e trabalhista serão corrigidas somente pela taxa referencial do Sistema Especial de Liquidação e de Custódia (Selic), ou outra taxa de mercado que vier a substituí-la.

Art. 19. É facultado às partes, por meio de negociação coletiva, estabelecer o plano de pagamento de forma diversa.

Art. 20. Ao credor, titular do crédito, é facultada a conversão, no todo ou em parte, da dívida do clube ou pessoa jurídica original em ações da Sociedade Anônima do Futebol ou em títulos por ela emitidos, desde que previsto em seu estatuto.

Art. 21. Ao credor de dívida trabalhista e ao credor de dívida cível, de qualquer valor, é facultado anuir, a seu critério exclusivo, a deságio sobre o valor do débito.

Art. 22. Ao credor de dívida trabalhista, como titular do crédito, a seu exclusivo critério, é facultada a cessão do crédito a terceiro, que ficará sub-rogado em todos os direitos e em todas as obrigações do credor e ocupará a mesma posição do titular do crédito original na fila de credores, devendo ser dada ciência ao clube ou pessoa jurídica original, bem como ao juízo centralizador da dívida para que promova a anotação.

Art. 23. Enquanto o clube ou pessoa jurídica original cumprir os pagamentos previstos nesta Seção, é vedada qualquer forma de constrição ao patrimônio ou às receitas, por penhora ou ordem de bloqueio de valores de qualquer natureza ou espécie sobre as suas receitas.

Art. 24. Superado o prazo estabelecido no art. 15 desta Lei, a Sociedade Anônima do Futebol responderá, nos limites estabelecidos no art. 9º desta Lei, subsidiariamente, pelo pagamento das obrigações civis e trabalhistas anteriores à sua constituição, salvo o disposto no art. 19 desta Lei.

## Subseção II

## Da Recuperação Judicial e Extrajudicial do Clube ou Pessoa Jurídica Original

Art. 25. O clube, ao optar pela alternativa do inciso II do *caput* do art. 13 desta Lei, e por exercer atividade econômica, é admitido como parte legítima para requerer a recuperação judicial ou extrajudicial, submetendo-se à Lei nº 11.101, de 9 de fevereiro de 2005.

Parágrafo único. Os contratos bilaterais, bem como os contratos de atletas profissionais vinculados ao clube ou pessoa jurídica original não se resolvem em razão do pedido de recuperação judicial e extrajudicial e poderão ser transferidos à Sociedade Anônima do Futebol no momento de sua constituição.

## CAPÍTULO II

## DISPOSIÇÕES ESPECIAIS

## Seção I

## Do Financiamento da Sociedade Anônima do Futebol

Art. 26. A Sociedade Anônima do Futebol poderá emitir debêntures, que serão denominadas "debêntures-fut", com as seguintes características:

I - remuneração por taxa de juros não inferior ao rendimento anualizado da caderneta de poupança, permitida a estipulação, cumulativa, de remuneração variável, vinculada ou referenciada às atividades ou ativos da Sociedade Anônima do Futebol;
II - prazo igual ou superior a 2 (dois) anos;
III - vedação à recompra da debênture-fut pela Sociedade Anônima do Futebol ou por parte a ela relacionada e à liquidação anteci-

pada por meio de resgate ou pré-pagamento, salvo na forma a ser regulamentada pela Comissão de Valores Mobiliários;

IV - pagamento periódico de rendimentos;

V - registro das debênture-fut em sistema de registro devidamente autorizado pelo Banco Central do Brasil ou pela Comissão de Valores Mobiliários, nas suas respectivas áreas de competência.

§ 1º Os recursos captados por meio de debêntures-fut deverão ser alocados no desenvolvimento de atividades ou no pagamento de gastos, despesas ou dívidas relacionados às atividades típicas da Sociedade Anônima do Futebol previstas nesta Lei, bem como em seu estatuto social.

§ 2º (VETADO).

Art. 27. (VETADO).

## Seção II

## Do Programa de Desenvolvimento Educacional e Social (PDE)

Art. 28. A Sociedade Anônima do Futebol deverá instituir Programa de Desenvolvimento Educacional e Social (PDE), para, em convênio com instituição pública de ensino, promover medidas em prol do desenvolvimento da educação, por meio do futebol, e do futebol, por meio da educação.

§ 1º A Sociedade Anônima do Futebol poderá investir, no âmbito das obrigações do Plano de Desenvolvimento Educacional e Social, mas não exclusivamente:

I - na reforma ou construção de escola pública, bem como na manutenção de quadra ou campo destinado à prática do futebol;

II - na instituição de sistema de transporte dos alunos qualificados à participação no convênio, na hipótese de a quadra ou o campo não se localizar nas dependências da escola;
III - na alimentação dos alunos durante os períodos de recreação futebolística e de treinamento;
IV - na capacitação de ex-jogadores profissionais de futebol, para ministrar e conduzir as atividades no âmbito do convênio;
V - na contratação de profissionais auxiliares, especialmente de preparadores físicos, nutricionistas e psicólogos, para acompanhamento das atividades no âmbito do convênio;
VI - na aquisição de equipamentos, materiais e acessórios necessários à prática esportiva.

§ 2º Somente se habilitarão a participar do convênio alunos regularmente matriculados na instituição conveniada e que mantenham o nível de assiduidade às aulas regulares e o padrão de aproveitamento definidos no convênio.

§ 3º O Programa de Desenvolvimento Educacional e Social deverá oferecer, igualmente, oportunidade de participação às alunas matriculadas em escolas públicas, a fim de realizar o direito de meninas terem acesso ao esporte.

Art. 29. Além das obrigações constantes da Lei nº 9.615, de 24 de março de 1998, para as entidades de práticas desportivas formadoras de atletas e das disposições desta Seção, a Sociedade Anônima do Futebol proporcionará ao atleta em formação que morar em alojamento por ela mantido:

I - instalações físicas certificadas pelos órgãos e autoridades competentes com relação à habitabilidade, à higiene, à salubridade e às medidas de prevenção e combate a incêndio e a desastres;
II - assistência de monitor responsável durante todo o dia;
III - convivência familiar;
IV - participação em atividades culturais e de lazer nos horários livres; e

V - assistência religiosa àqueles que desejarem, de acordo com suas crenças.

Art. 30. É autorizado à Sociedade Anônima do Futebol e ao clube ou pessoa jurídica original captar recursos incentivados em todas as esferas de governo, inclusive os provenientes da Lei nº 11.438, de 29 de dezembro de 2006.

## Seção III

## Do Regime de Tributação Específica do Futebol (TEF)

Art. 31. A Sociedade Anônima do Futebol regularmente constituída nos termos desta Lei fica sujeita ao Regime de Tributação Específica do Futebol (TEF).

§ 1º O regime referido no caput deste artigo implica o recolhimento mensal, mediante documento único de arrecadação, dos seguintes impostos e contribuições, a serem apurados seguindo o regime de caixa:

I – Imposto sobre a Renda das Pessoas Jurídicas (IRPJ);
II – Contribuição para os Programas de Integração Social e de Formação do Patrimônio do Servidor Público (Contribuição para o PIS/Pasep);
III – Contribuição Social sobre o Lucro Líquido (CSLL);
IV – Contribuição para o Financiamento da Seguridade Social (Cofins); e
V – contribuições previstas nos incisos I, II e III do *caput* e no § 6º do art. 22 da Lei nº 8.212, de 24 de julho de 1991.

§ 2º O recolhimento na forma deste artigo não exclui a incidência dos seguintes impostos ou contribuições, devidos na qualidade de contribuinte ou responsável, em relação aos quais será observada a legislação aplicável às demais pessoas jurídicas:

I – Imposto sobre Operações de Crédito, Câmbio e Seguro, ou Relativas a Títulos ou Valores Mobiliários (IOF);

II – Imposto de Renda relativo aos rendimentos ou ganhos líquidos auferidos em aplicações de renda fixa ou variável;

III – Imposto de Renda relativo aos ganhos de capital auferidos na alienação de bens do ativo imobilizado;

IV – contribuição para o Fundo de Garantia do Tempo de Serviço (FGTS);

V – Imposto de Renda relativo aos pagamentos ou créditos efetuados pela pessoa jurídica a pessoas físicas; e

VI – demais contribuições instituídas pela União, inclusive as contribuições compulsórias dos empregadores sobre a folha de salários, destinadas às entidades privadas de serviço social e de formação profissional vinculadas ao sistema sindical, de que trata o art. 240 da Constituição Federal, e demais entidades de serviço social autônomo.

§ 3º O pagamento mensal unificado deverá ser feito até o vigésimo dia do mês subsequente àquele em que houver sido recebida a receita.

Art. 32. Nos 5 (cinco) primeiros anos-calendário da constituição da Sociedade Anônima do Futebol ficará ela sujeita ao pagamento mensal e unificado dos tributos referidos no § 1º do art. 31 desta Lei, à alíquota de 5% (cinco por cento) das receitas mensais recebidas.

§ 1º Para fins do disposto no *caput* deste artigo, considera-se receita mensal a totalidade das receitas recebidas pela Sociedade Anônima do Futebol, inclusive aquelas referentes a prêmios e programas de sócio-torcedor, excetuadas as relativas à cessão dos direitos desportivos dos atletas.

§ 2º A partir do início do sexto ano-calendário da constituição da Sociedade Anônima do Futebol, o TEF incidirá à alíquota de 4% (quatro por cento) da receita mensal recebida, compreendidos os tributos referidos no § 1º do art. 31 desta Lei, inclusive as receitas relativas à cessão dos direitos desportivos dos atletas.

§ 3º O Ministério da Economia regulamentará a repartição da receita tributária de que trata este artigo, observadas as diretrizes de repartição de receitas tributárias estabelecidas pela Constituição Federal e pela legislação em vigor.

## CAPÍTULO III

## DISPOSIÇÕES FINAIS

Art. 33. O clube ou pessoa jurídica original com passivos tributários anteriores à constituição da Sociedade Anônima do Futebol não incluídos em programas de refinanciamento do governo federal poderão apresentar proposta de transação nos termos da Lei nº 13.988, de 14 de abril de 2020.

Parágrafo único. Na hipótese do *caput* deste artigo, a União, no juízo de oportunidade e conveniência prévio à celebração da transação, nos termos do § 1º do art. 1º da Lei nº 13.988, de 14 de abril de 2020, deverá levar em consideração a transformação do clube ou pessoa jurídica original em Sociedade Anônima do Futebol, priorizando a análise das propostas apresentadas, sem prejuízo do disposto no art. 3º da Lei nº 13.988, de 14 de abril de 2020.

Art. 34. O § 2º do art. 27 da Lei nº 9.615, de 24 de março de 1998, passa a vigorar com a seguinte redação:

"Art. 27. ..........................................................................................

§ 2º A entidade a que se refere este artigo poderá utilizar seus bens patrimoniais, desportivos ou sociais, inclusive imobiliários ou de propriedade intelectual, para integralizar sua parcela no capital de Sociedade Anônima do Futebol, ou oferecê-los em garantia, na forma de seu estatuto, ou, se omisso este, mediante aprovação de mais da metade dos associados presentes a assembleia geral especialmente convocada para deliberar o tema.

.............................................................................................." (NR)

Art. 35. O art. 971 da Lei nº 10.406, de 10 de janeiro de 2002 (Código Civil), passa a vigorar acrescido do seguinte parágrafo único:

"Art. 971. ..........................................................................................

Parágrafo único. Aplica-se o disposto no caput deste artigo à associação que desenvolva atividade futebolística em caráter habitual e profissional, caso em que, com a inscrição, será considerada empresária, para todos os efeitos." (NR)

Art. 36. Esta Lei entra em vigor na data de sua publicação.

Brasília, 6 de agosto de 2021.

# REFERÊNCIAS

BEECH, J., HORSMAN, S. and MAGRAW, J. **Insolvency events among English football clubs.** In "International Journal of Sports Marketing and Sponsorship", v. 11. n. 3. 2010.

BORBA, José Edwaldo Tavares Borba. **Direito Societário.** 18ª. ed. revista e atualizada. São Paulo: Atlas, 2021.

BUMACHAR, Juliana. **Da recuperação judicial e extrajudicial do clube ou pessoa jurídica original.** In CASTRO, Rodrigo R. Monteiro (Org.). Comentários à Lei da Sociedade Anônima do Futebol – Lei 14.193/2021. São Paulo. Quartier Latin, 2021. cap. 1. 235-246.

CASTRO, Rodrigo Monteiro de; MANSSUR; José Francisco Cimino. **Futebol, mercado e estado – projeto de recuperação, estabilização e desenvolvimento sustentável do futebol brasileiro:** estrutura, governo e financiamento. São Paulo: Quartier Latin, 2016.

CASTRO, Rodrigo R. Monteiro (coord.). **Comentários à Lei da Sociedade Anônima do Futebol: Lei 14.193/2021.** São Paulo: Quartier Latin do Brasil, 2021.

COELHO, Fabio Ulhoa. **Comentários à Lei de Falências e Recuperação de Empresas.** 13. ed. rev. e atual. – São Paulo: Thomson Reuters Brasil, 2018.

COSTA, Daniel Carnio. **Reflexões sobre processos de insolvência: divisão equilibrada de ônus, superação do dualismo pendular e gestão democrática de processos.** Cadernos Jurídicos, São Paulo, ano 16, nº 39, p. 59-77, Janeiro-Março/2015.

COSTA, Daniel Carnio (Org.). **Comentários completos à lei de recuperação de empresas e falências.** v. 1 – Curitiba: Juruá, 2015.

COUTINHO FILHO, José Eduardo. **Futebol Globalizado:** Paixão de bilhões, mercado de trilhões. Belo Horizonte: D'Plácido, 2021.

– The new Brazilian Football Limited Companies regulations: It came the time for Brazil to enter the strategic Multi-Club Ownership map? Disponível em: https://www.linkedin.com/pulse/new-brazilian-football-limited-companies-regulations-came-coutinho/. Acesso em 20 jul. 2022.

DUARTE, Orlando. **Todos os esportes do mundo.** São Paulo: Makron Books, 1996.

MARTÍNEZ-LEMOS, Rodolfo Iván. Sociedades Anónimas Deportivas de La Liga de Fútbol Profesional en España: Un Análisis Empresarial Descriptivo. **Revista Española de Educación Física y Deportes**, Madrid, n. 408, 2015.

MEGALE, André. O conceito de clube-empresa pelo mundo. **Universidade do Futebol**, Jundiaí, 23 out. 2009. Disponível em: https://universidadedofutebol.com.br/o-conceito-de-clube-empresa-pelo-mundo/. Acesso em: 27 ago. 2022.

MOTTA, Luciano. **O Mito do Clube Empresa**. Sporto: São Paulo, 2020.

RIBEIRO, Maria de Fátima. **Sociedades Desportivas**. 2. ed. Porto: Universidade Católica Editora, 2017.

RODRIGUES, Julian Henrique Dias; RODRIGUES, Renato Morad. **Aspectos controvertidos do Regime Jurídico das Sociedades Desportivas**. Lisboa, 05 fev. 2019. Acesso em 18 jul. 2022.

SACRAMONE, Marcelo Barbosa. **Comentários à lei de recuperação de empresas e falência.** 2. ed. – São Paulo: Saraiva Educação, 2021.

SOMOGGI, Almir. **Modelo de gestão empresarial do futebol chileno**. São Paulo, 20 de junho de 2021. Disponível em: https://www.sportsvalue.com.br/modelo-de-gestao-empresarial-do-futebol-chileno/. Acesso em 21 jul. 2021.

SZYMANSKI. Stefan. **Entry Into Exit: Insolvency In English Professional Football.** In "Scottish Journal of Political Economy." v. 64. n. 4. 2007. p. 441-444.

TOMAZZETE, Marlon. **Curso de Direito Empresarial: Falência e Recuperação de Empresas**. v. 3. 5ª. ed. São Paulo: Atlas, 2017.

VEIGA, Maurício de Figueiredo Corrêa da; SOUSA, Fabrício Trindade de. **A evolução do futebol e das normas que o regulamentam:** aspectos trabalhistas-desportivos. São Paulo: LTr, 2013.

- Regime Centralizado de Execuções é Devido para Todos os Clubes. Disponível em: https://leiemcampo.com.br/regime-centralizado-de-execucoes-e-devido-para-todos-os-clubes/. Acesso em 02 ago. 2022.

## LEGISLAÇÃO

BRASIL. Lei nº 14.193, de 06 de agosto de 2021. Institui a Sociedade Anônima do Futebol e dispõe sobre normas de constituição, governança, controle e transparência, meios de financiamento da atividade futebolística, tratamento dos passivos das entidades de práticas desportivas e regime tributário específico; e altera as Leis 9.615, de 24 de março de 1998, e 10.406, de 10 de janeiro de 2002 (Código Civil). Diário Oficial, Brasília, DF, 06 agosto 2021. Disponível em: http://www.planalto.gov.br/ccivil_03/_Ato2019-2022/2021/Lei/L14193.htm. Acesso em: 11 jul. 2022.

- Lei nº 6.404, de 15 de dezembro de 1976. Dispõe sobre as Sociedades por Ações. Acesso em 10 jul. 2022.
- Lei nº 10.406, de 10 de janeiro de 2002. Institui o Código Civil. Acesso em 10 jun. 2022.
- Lei nº 11.101, de 09 de fevereiro de 2005. Regula a recuperação judicial, a extrajudicial e a falência do empresário e da sociedade empresária.
- Decreto-Lei nº 5.452, de 1º de maio de 1943. Aprova a Consolidação das Leis do Trabalho.
- Provimento CGJT nº 01, de 19 de agosto de 2022. Altera os termos da Seção X. do Capítulo VI, da Consolidação dos Provimentos da Corregedoria-Geral da Justiça do Trabalho.

COLÔMBIA. Ley 1145, de 12 de mayo de 2011. Bogotá, 12 maio 2011. Disponível em: https://www.funcionpublica.gov.co/eva/gestornormativo/norma.php?i=42807. Acesso em: 11 jul. 2022.

## REGULAMENTOS ESPORTIVOS

CBF. **Raio-X do Mercado 2022: transferências do futebol alcançaram R$ 2,2 bilhões.** Disponível em: https://www.cbf.com.br/a-cbf/informes/index/raio-x-do-mercado-2022-transferencias-do-futebol-alcancaram-r-2-2-bi. Acesso em 10 jul. 2022.

- **Estatuto da Confederação Brasileira de Futebol 2017.** Rio de Janeiro, 23 mar. 2017. Disponível em: https://conteudo.cbf.com.br/cdn/201904/20190409135630_807.pdf. Acesso em 28 jul. 2022.

- **Regulamento Específico da Competição Brasileirão Assaí 2022**. Rio de Janeiro, 19 jan. 2022. https://conteudo.cbf.com.br/cdn/202202/20220209103808_745.pdf. Acesso em: 28 jul. 2022.
- **Regulamento da Câmara Nacional de Resolução de Disputas da CBF.** Rio de Janeiro, 20202. Disponível em: https://conteudo.cbf.com.br/cdn/202009/20200901180541_597.pdf. Acesso em: 28 jul. 2022.
- **Regulamento de Licença de Clubes 2021.** Rio de Janeiro. Disponível em: https://conteudo.cbf.com.br/cdn/202108/20210809211154_597.pdf . Acesso em 31/08/2022.
- **Regulamento Geral das Competições 2022**. Rio de Janeiro, 19 jan. 2022. Disponível em: https://conteudo.cbf.com.br/cdn/202201/20220119231030_984.pdf. Acesso em: 28 jul. 2022.
- **Regulamento Nacional de Registro e Transferência de Atletas 2022.** Rio de Janeiro, 19 jan. 2022. Disponível em: https://conteudo.cbf.com.br/cdn/202201/20220119231030_984.pdf. Acesso em: 28 jul. 2022.

EFL. ***English Football League Rules & Regulations.*** Disponível em https://www.efl.com/-more/governance/efl-rules--regulations/efl-regulations/section-3-the-league/. Acesso em 31/08/2022.

FIFA. Regulations on the Status and Transfer of Players, 2022. Zurique, jul. 2022. Disponível em: https://digitalhub.fifa.com/m/cb37201b05fe8f7/original/Regulations-on-the-Status-and-Transfer-of-Players-July- 2022-edition.pdf. Acesso em: 10 ago. 2022.

PL. ***Premier League Regulations Handbook.*** Disponível em https://resources.premierleague.com/premierleague/document/2021/11/30/235538a-5-3927-4489-9812-7b426b80e6e1/PL_Handbook_2021_22_DIGITAL_29.11.21.pdf. Acesso em 31 ago. 2022.

SPL. ***Scottish Professional Football League.*** Disponível em https://spfl.co.uk/admin/filemanager/images/shares/pdfs/CLEAN_SPFL%20Rules%20and%20Regulations%2029-Jul-22%20(MASTER%20COPY).pdf . Acesso em 31/08/2022.